COMO CONQUISTAR TUDO
O QUE VOCÊ QUER NA VIDA
E ALCANÇAR O SUCESSO

High Point University

Carta do autor aos alunos da High Point University

Obrigado por ler *Como Conquistar Tudo o Que Você Quer na Vida e Alcançar o Sucesso*.

Como vocês provavelmente sabem, este livro é a pedra angular do meu curso "President's Seminar on Life Skills". Mas espero que vocês o encarem como algo mais do que uma "leitura obrigatória" de um curso que precisam concluir a fim de se formar.

Tudo o que escrevi nestas páginas foi de coração. Trata-se, simplesmente, da minha fórmula para uma vida feliz.

Como reitor da High Point University, tenho como meta e é meu privilégio conhecer pessoalmente o maior número possível de alunos. Mas o que realmente desejo é que *vocês* venham a conhecer a *si mesmos*.

Gostaria que refletissem sobre as suas esperanças, sonhos, talentos e visão de futuro. Eles são especificamente seus. E somente vocês podem decidir qual a melhor maneira de usá-los, de transformá-los em uma vida que valha a pena viver.

Sei que a fórmula que exponho neste livro efetivamente funciona. Comigo deu certo. Tem dado certo para um sem número de pessoas felizes e bem-sucedidas que encontraram a sua música e a estão cantando para o Céu. Também funcionará com você.

A idade é irrelevante. Ao se matricular nesta excelente Universidade, vocês demonstraram que querem aprender, melhorar e crescer. *Nunca* é cedo ou tarde demais para começar a obter o que vocês desejam na vida.

Eu lhes desejo uma prazerosa jornada e uma vida inteira de aprendizado.

Reitor Nido Qubein
nqubein@highpoint.edu

Robert Hall, High Point University

NIDO QUBEIN

COMO CONQUISTAR TUDO O QUE VOCÊ QUER NA VIDA E ALCANÇAR O SUCESSO

NOVAS DESCOBERTAS E ESTRATÉGIAS PRÁTICAS,
PARA POTENCIALIZAR O SEU TRABALHO
E MELHORAR A SUA VIDA

Tradução
CLAUDIA GERPE DUARTE

Editora
Cultrix
SÃO PAULO

Título original: *How to get Anything You Want.*

Copyright © 2006 Nido R. Qubein.

Todos os direitos reservados. Nenhuma parte desta obra pode ser reproduzida ou usada de qualquer forma ou por qualquer meio, eletrônico ou mecânico, inclusive fotocópias, gravações ou sistema de armazenamento em banco de dados, sem permissão por escrito, exceto nos casos de trechos curtos citados em resenhas críticas ou artigos de revistas.

A Editora Pensamento-Cultrix Ltda. não se responsabiliza por eventuais mudanças ocorridas nos endereços convencionais ou eletrônicos citados neste livro.
Coordenação editorial: Denise de C. Rocha Delela e Roseli de S. Ferraz
Preparação de originais: Maria Sylvia Correa
Revisão: Claudete Agua de Melo

Dados Internacionais de Catalogação na Publicação (CIP)
(Câmara Brasileira do Livro, SP, Brasil)

Qubein, Nido
  Como conquistar tudo o que você quer na vida e alcançar o sucesso : novas descobertas e estratégias práticas, para potencializar o seu trabalho e melhorar a sua vida / Nido Qubein ; tradução Claudia Gerpe Duarte. — São Paulo : Cultrix, 2011.

  Título original: How to get anything you want.
  ISBN 978-85-316-1126-1

  1. Atitude (Psicologia) 2. Atitude — Mudança 3. Desenvolvimento pessoal 4. Sucesso 5. Sucesso — Aspectos psicológicos I. Título.

11-04194   CDD-158.1

Índices para catálogo sistemático:
  1. Atitudes vencedoras : Melhoramento pessoal : Psicologia aplicada 158.1

O primeiro número à esquerda indica a edição, ou reedição, desta obra. A primeira dezena à direita indica o ano em que esta edição, ou reedição, foi publicada.

Edição   Ano
1-2-3-4-5-6-7-8-9   11-12-13-14-15-16-17-18

Direitos de tradução para o Brasil
adquiridos com exclusividade pela
EDITORA PENSAMENTO-CULTRIX LTDA.
Rua Dr. Mário Vicente, 368 — 04270-000 — São Paulo, SP
Fone: 2066-9000 — Fax: 2066-9008
E-mail: pensamento@cultrix.com.br
http://www.pensamento-cultrix.com.br
que se reserva a propriedade literária desta tradução.
Foi feito o depósito legal.

A Victoria Ghawi Qubein,
uma mãe maravilhosa

que me ajudou a descobrir que a vida realmente dá mais certo quando é vivida de dentro para fora ...e que me mostrou com clareza como obter o que há de melhor em mim em cada empreendimento digno de mérito a que me dedico.

Sumário

Prefácio 11

Agradecimentos 13

Capítulo 1: O reino mágico do "e se" 17

Capítulo 2: Como se tornar um vencedor? 31

Capítulo 3: Três passos para desenvolver uma atitude vencedora 42

Capítulo 4: Espelho meu, espelho meu... 56

Capítulo 5: Como desenvolver uma autoimagem sólida e positiva 65

Capítulo 6: Acho que posso, sei que posso... fiz! 78

Capítulo 7: Dez passos para desenvolver a autoconfiança 87

Capítulo 8: Metas: a maneira de controlar a sua vida 102

Capítulo 9: Tempo: o seu maior tesouro 116

Capítulo 10: Como remover o maior obstáculo: você mesmo 131

Capítulo 11: Como pegar um ladrão 150

Capítulo 12: Liderança: a tarefa do vencedor 159

Capítulo 13: A comunicação eficaz faz as coisas acontecerem 179

Capítulo 14: Como lidar com o stress e a angústia 193

Capítulo 15: Como evitar o esgotamento 202

Capítulo 16: Esta é a sua vida! 210

Prefácio
DO DR. NORMAN VINCENT PEALE

De vez em quando, um livro consegue combinar com êxito a sabedoria das eras com as ideias práticas do presente com a esperança de encaminhar os seus leitores para o futuro. É exatamente isso que este livro faz.

Nido Qubein reuniu a sabedoria de um grande número dos maiores pensadores e realizadores de todos os tempos com o propósito de assentar uma base sólida para uma vida alegre e produtiva. Assim sendo, ele nos lembrou que os homens têm uma acentuada vantagem sobre todas as outras criaturas de Deus; não precisamos recomeçar a cada geração. Podemos construir sobre a rica herança que nos foi transmitida.

No entanto, Nido não para aí. Com um extraordinário discernimento, ele explora o conhecimento prático de alguns dos maiores realizadores da sua geração.

Utilizando os princípios testados e comprovados do passado, bem como as técnicas motivacionais produzidas pelo conhecimento em expansão, ele oferece uma fórmula valiosa para o desenvolvimento pessoal e profissional.

O próprio Nido é uma prova concreta de que o Sonho Americano ainda está bem vivo. Eis um jovem que veio para os Estados Unidos praticamente sem dinheiro, contatos e quase sem nenhum conhecimento da língua inglesa, e que, no entanto, traçou um rumo extraordinário em direção ao sucesso e à realização pessoal. Ele terminou a faculdade praticamente sem ajuda, fazendo depois um mestrado em administração, que concluiu com distinção. Mais tarde, obteve o grau de Doutor em Direito na universidade onde havia se diplomado.

Nido teve uma vantagem com relação a muitos americanos natos. Ele fora levado a acreditar que os Estados Unidos ainda eram a terra das oportunidades. Assim sendo, decidiu tirar o melhor proveito do que tinha. Munido de alguns slides que trouxera do seu país, de um vocabulário extremamente limitado e grande senso de humor, Nido montou um breve programa audiovisual a respeito da Terra Santa. Exibia os slides e falava, no seu inglês errado, para qualquer igreja ou grupo cívico disposto a ouvi-lo. As pessoas eram cativadas pelo seu entusiasmo, o seu sotaque e as histórias engraçadas que contava a respeito de ser um estrangeiro nos Estados Unidos.

A partir desse escasso começo, Nido Qubein tornou-se um dos principais conferencistas do mundo, com mais de 150 compromissos para palestras por ano em muitas das mais proeminentes corporações e associações. Os seus colegas de profissão o têm em alta consideração e o elegeram presidente da National Speakers Association, concedendo-lhe os maiores prêmios dessa associação, inclusive o Cavett.

Ele tem sido muito bem-sucedido como empresário e como consultor de líderes da indústria. Alcançou a sua meta de ficar milionário aos 30 anos de idade. Desde então, definiu novos objetivos, aceitou novos desafios e tem sido amplamente reconhecido. Recebeu a Ellis Island Medal of Honor, no International Speakers Hall of Fame da SME e foi eleito Person of the Year na cidade onde mora.

Meu amigo e colega, Nido Qubein, descobriu que a vida realmente funciona melhor quando é vivida com intensidade, e agora ele nos diz como fazer isso. Você apreciará muitíssimo este livro. Ele é excelente!

Agradecimentos

Todas as tarefas dignas da minha vida foram realizadas com a valiosa ajuda de muitas pessoas talentosas, e escrever este livro não foi uma exceção.

Neste momento, enquanto cumpro mandato de sétimo reitor da High Point University, fico comovido diante da sabedoria do nosso corpo docente, da dedicação do pessoal administrativo, da generosidade dos que nos apoiam e do espírito brilhante dos nossos fenomenais alunos. Sinto-me abençoado e honrado por estar de volta à universidade onde me formei e conduzi-la a um futuro extraordinário.

Sou grato à minha família que aguentou com paciência as minhas longas viagens e exaustivas programações de trabalho, e que continua a me dar coragem, amor e um incessante apoio ao longo da nossa vida comum.

Sou imensamente grato a Tom Watson e Gene Owens por todas as pesquisas que realizaram tanto para este livro quanto para muitos outros que publiquei.

Quero expressar o meu amor e reconhecimento a todos os grandes americanos que me ajudaram a criar o The Nido Qubein Associates Scholarship Fund, que concedeu centenas de bolsas de estudo a jovens merecedores.

A minha maior dívida, no entanto, é com os homens e mulheres que estiveram em minhas palestras, que me ouviram pelo rádio, me viram na televisão, conectaram-se às minhas tele/vídeo conferências ou que leram ou ouviram um dos meus trabalhos anteriores, pois vocês estimularam a minha criatividade.

Obrigado e Deus os abençoe.

Apresentando Nido Qubein

Nido Qubein é reitor da High Point University e presidente do conselho administrativo de quatro empresas, entre elas a Great Harvest Bread Co. (218 lojas em 42 estados).

Atua no conselho diretor de várias organizações americanas, entre elas a BB&T Corporation (a nona maior instituição financeira dos Estados Unidos, com um ativo de 135 bilhões de dólares), a La-Z-Boy Corporation (uma das maiores e mais reconhecidas marcas de móveis no mundo inteiro), a National Speakers Association Foundation (que ele fundou em 1983) e a Qubein Foundation (que concedeu mais de 4 milhões de dólares em bolsas a estudantes universitários merecedores).

Recebeu muitas homenagens, entre elas o Horatio Alger Award for Distinguished Americans, a Order of the Long Leaf Pine (a maior homenagem cívica da Carolina do Norte), o grau de Doutor em Direito, a Ellis Island Medal of Honor, The Cavett (conhecido como o Oscar da profissão dos oradores), o Toastmasters International Golden Gavel, o Sales and Marketing International Hall of Fame, Citizen of the Year e Philanthropist of the Year em High Point na Carolina do Norte, onde reside.

O dr. Qubein é muito procurado internacionalmente para falar em convenções, encontros de vendas e conferências executivas. Os seus livros e programas de aprendizado audiovisuais estão traduzidos em uma dezena de idiomas. É possível entrar em contato com ele através do e-mail: nqubein@highpoint.edu.

Capítulo

1

O reino mágico do "E se"

Vamos visitar juntos, por alguns momentos, o Reino Mágico do "E Se". Nele, pode-se ser qualquer coisa, fazer qualquer coisa, ter qualquer coisa ou viver como se desejar. É melhor do que a série da televisão "A Ilha da Fantasia", porque basta fechar os olhos e soltar a imaginação.

E se alguém pudesse ser qualquer coisa, ou qualquer pessoa, que decidisse ser? Pensemos nisso! Qual seria a escolha?

Um atleta famoso?
   Um artista famoso da televisão ou do cinema?
      Uma pessoa poderosa e importante na política?
         Uma pessoa rica com muito tempo à sua disposição?
           Um competente líder de negócios?
              Um ministro protestante?
                 Um médico, advogado ou outro profissional de nível superior?
                    Uma pessoa que trabalha como voluntário na sua comunidade?

Certa vez, pouco tempo antes da morte do grande dramaturgo, um repórter pediu a George Bernard Shaw que jogasse o jogo do "E se". "Sr. Shaw", disse o repórter, "o senhor esteve na companhia de algumas das pessoas mais famosas do mundo. O senhor conheceu membros da realeza, autores famosos, artistas, professores e dignitários de todas as partes do mundo. Se o senhor pudesse viver de novo a sua vida e ser qualquer pessoa que conheceu, ou qualquer personagem da história, quem o senhor escolheria?"

"Eu escolheria", respondeu Shaw, "ser o homem que George Bernard Shaw poderia ter sido, mas nunca foi."

Que discernimento! É triste, mas o fato é que poucas pessoas se tornam tudo o que poderiam ter sido. Como disse Robert Browning: "De todas as palavras tristes da língua ou da caneta, estas são as mais tristes: poderia ter sido".

Entretanto, Shaw compreendeu que, embora pudesse ter feito mais coisas com a sua vida do que fizera, jamais poderia ser outra pessoa que não ele mesmo. Essa compreensão é a limitação do Reino Mágico do "E se". Só podemos escolher nos tornar outra pessoa na imaginação. No mundo real, só podemos ser nós mesmos! Só podemos nos tornar a pessoa que fomos criados para ser! No entanto, o que podemos ser é quase ilimitado. Somos, de muitas maneiras, "únicos", ou seja, o "únicos da nossa espécie".

Cada um de nós Tem:
   Talentos e habilidades únicos
      Oportunidades únicas
         Poderes mentais únicos
            Uma personalidade única
               Uma autoimagem única.

O Fato é que:
   Ninguém pode fazer o que fazemos, exatamente como fazemos.
      Ninguém tem exatamente as mesmas oportunidades.
         Ninguém sabe exatamente o que sabemos.
            Ninguém tem uma personalidade exatamente igual.
               Ninguém nos vê exatamente como nos vemos.

Celebrar essa condição única significa desenvolver plenamente todos os atributos que nos tornam a pessoa "exclusiva" que somos.

E se:

Todos os sonhos puderem se tornar realidade?

Pudermos nos tornar a pessoa que gostaríamos de ser?

O mundo estiver esperando pela nossa contribuição única?

A vida puder ser completa e gratificante como esperamos que seja?

Eis algumas pessoas que *fizeram* os seus sonhos se tornar realidade.

Quando menino, John Goddard ousou visitar o Reino Mágico do "E Se". Quando tinha 15 anos, Goddard fez uma lista de todas as coisas que queria fazer na vida. A lista continha 127 metas que ele esperava alcançar. Incluía coisas como: explorar o Nilo, escalar o Monte Everest, estudar tribos primitivas no Sudão, correr uma milha em cinco minutos, ler a Bíblia do começo ao fim, mergulhar em um submarino, tocar "Claire de Lune" no piano, escrever um livro, ler toda a *Encyclopedia Britannica* e dar a volta ao mundo. Goddard se tornou um dos mais famosos exploradores que estão vivos hoje. Ele atingiu 121 das suas 127 metas e fez muitas outras coisas emocionantes.

Jim Marshall foi descrito como o jogador mais indestrutível do futebol americano profissional. Em um esporte no qual uma pessoa de 30 anos é considerada "velha", ele jogou na defesa até os 42 anos, sem nunca deixar de entrar no jogo em 282 partidas consecutivas. Ele é aquele que o famoso *quarterback* Fran Tarkenton diz ser "o atleta mais impressionante que já conheci em qualquer esporte".

Jim teve a sua cota de problemas. Certa ocasião, ficou preso em uma tempestade de neve na qual todos os seus companheiros morreram. Teve pneumonia duas vezes. Feriu-se certa vez quando o rifle que ele estava limpando disparou. Sofreu vários acidentes de automóvel e foi submetido a procedimentos cirúrgicos.

A incrível capacidade de recuperação de Jim reside nas suas duas diretrizes: "Encontre uma direção e dedique-se a ela, sem nunca pensar em quanto você terá que *subir* para chegar ao seu destino".

QUAL É A SUA LIBERDADE MAIS BÁSICA?

Falamos muito de liberdade hoje em dia, mas pouco exercemos a nossa liberdade mais preciosa. Todos temos um tipo de liberdade que raramente usamos de uma maneira significativa. Ninguém a encontrará na Declaração de Direitos e nem na Constituição. A Declaração da Independência alude vagamente a ela. Nenhum documento de nenhuma nação do mundo a explicita, porque nenhuma nação, ou pessoa, pode dá-la ou tirá-la de nós.

Essa liberdade está igualmente disponível para todas as pessoas independentemente de raça, religião, sexo, situação econômica, antecedentes étnicos ou circunstâncias. Ela está disponível para o prisioneiro, a pessoa inválida, o pobre, a vítima de discriminação, a pessoa tímida; na verdade ela está até mesmo disponível para os cidadãos dos países da Cortina de Ferro.

Qual é essa liberdade fundamental? *Cada um de nós tem a liberdade de escolher como vamos reagir às circunstâncias nas quais nos encontramos.*

Nem Sempre Podemos Controlar:
O que os outros nos fazem
  O que nos acontece
    O lugar onde nascemos
      Os nossos defeitos físicos
        A quantidade de dinheiro com que começamos na vida
          O que os outros pensam de nós
            O que os outros esperam de nós
              O nosso QI

Mas Todos Podemos Controlar, e Efetivamente Controlamos:
A maneira como reagimos ao que os outros nos fazem
  A maneira como lidamos com o que nos acontece
    A maneira como vivemos, e se vivemos, no lugar onde nascemos
      A competência com que usamos as nossas habilidades físicas
        O que fazemos com os recursos que recebemos
          Como reagimos às opiniões dos outros

Se podemos viver à altura das expectativas de outras pessoas, ou se o faremos,
O que fazemos como o QI que temos.

A maioria das limitações que nos impedem de realizar o nosso pleno potencial são artificiais. Elas nos são impostas pelas circunstâncias ou por outras pessoas.

Entre as Limitações Artificiais Estão:
A idade (somos velhos ou jovens "demais")
   Falta de dinheiro
      Fracassos do passado
         Problemas e aflições
            A falta de visão daqueles que nos cercam
               Falta de instrução
                  Receios
                     Dúvidas

As verdadeiras limitações que nos privam da nossa liberdade de tirar o melhor proveito do que temos, e do que somos, têm a ver com a maneira como vemos a nós mesmos e o mundo à nossa volta. As nossas atitudes nos impedem de tornar-nos tudo o que fomos criados para nos tornar.

Esses Limites Genuínos Incluem:
Uma concepção negativa da vida
   Desculpas que apresentamos
      O desperdício do tempo que temos à nossa disposição
         Preocupação com trivialidades
            Inflexibilidade
               Sentimento de pena por nós mesmos
                  Preocupação
                     Procrastinação
                        Preguiça
                           Falta de autodisciplina
                             Maus hábitos

Os bem-sucedidos neste mundo sempre foram aqueles que utilizaram inexoravelmente a sua liberdade para escolher como reagiriam às circunstâncias com que deparassem.

Por Exemplo:
- O coronel Sanders* era "velho demais" para começar um negócio.
- Os irmãos Wright não conheciam ninguém que tivesse voado antes.
- Florence Chadwick sabia que outras pessoas tinham morrido tentando atravessar o Canal da Mancha.
- Henry Ford enfrentou uma "falta de demanda" pelos seus automóveis.
- Davi era excessivamente jovem, desqualificado e não estava bem equipado para enfrentar Golias.

No entanto, os vencedores têm um histórico de não dar atenção aos escarnecedores de visão limitada e de fazer o "impossível". Até mesmo as opiniões de "especialistas" não foram suficientes para detê-los.

Pensemos no Seguinte:
- Depois do primeiro teste de atuação de Fred Astaire, eis o que estava escrito no memorando do diretor da MGM, datado de 1933: "Não sabe representar! É quase careca! Sabe dançar um pouco!". Astaire colocou o memorando sobre a lareira da sua casa em Beverly Hills.
- Eis o que um "especialista" disse a respeito de Vince Lombardi**: "Conhece um pouquinho de futebol. Não tem motivação".
- Alguém certa vez disse o seguinte a respeito de Albert Einstein: "Não usa meia e esquece de cortar o cabelo. Talvez seja um retardado mental".
- Sócrates foi chamado de "corruptor imoral dos jovens".

---

* Fundador da rede de restaurantes KFC (Kentucky Fried Chicken). (N. da T.)
** Um dos técnicos mais bem-sucedidos da história do futebol americano. (N. da T.)

A LIBERDADE PRECISA DE ESCOLHAS

Há tanta coisa para ver, fazer e ser! A vida é repleta de escolhas, uma verdadeira miscelânea. No entanto, aqui estamos, como um pratinho que contém uma quantidade limitada. A liberdade requer que façamos escolhas.

No Reino Mágico do "E Se", encontraremos um cheque em branco. Nós o sacamos de um banco ilimitado, e ele está assinado por um benfeitor amoroso que pode nos dar qualquer coisa que queiramos. Basta preenchermos o lugar em branco onde está escrito "Pague-se à ordem de:". Vá em frente! Escreva mentalmente o seu nome como o beneficiário do cheque.

Agora, no espaço reservado à "Quantia", escreva o que mais gostaria de ter na vida. Vá em frente! Eu o desafio a fazê-lo! Seja ambicioso!

Ou nós preferimos vagar sem rumo pela vida? Preferimos permitir que as circunstâncias, ou outras pessoas, determinem a maneira como passaremos o resto da vida? Preferimos "ir levando", permitindo que as nossas incontáveis pequenas decisões eliminem as grandes decisões que poderiam moldar nossa vida conforme nosso desejo?

Quem controla a sua vida?

Até mesmo uma pequena visita ao Reino Mágico do "E Se" levanta uma grande questão: Quem controla a sua vida? Quando criança, os pais tinham esse controle.

Eles Determinavam:
A hora de ir para a cama
   A hora de se levantar de manhã
      Os brinquedos que podíamos ter
      Até mesmo o que comíamos

Mais tarde, passamos a esperar que os professores e o diretor da escola nos dissessem o que fazer.

Eles Decidiam:
O que íamos ler

> O que íamos aprender
>> Quando podíamos parar de estudar e descansar
>>> Quando podíamos ir ao banheiro
>>>> Até mesmo o que podíamos comer

Aos poucos, os nossos colegas começaram a exercer um certo controle.

> *Eles impunham:*
> As roupas que vestíamos
>> Onde era "legal" ser visto
>>> A maneira como falávamos
>>>> Talvez até mesmo o que bebíamos

Ao chegar ao início da idade adulta, nos voltamos para os outros em busca de orientação sobre o que fazer.

> *Nós:*
> Conversamos sobre os planos com um amigo
>> Pedimos um conselho a um padre ou pastor
>>> Conversamos sobre as decisões com um orientador
>>>> Conseguimos um emprego e deixamos o chefe decidir o que faríamos

A vida era muito mais simples quando éramos pequenos. Quando sentíamos medo, a mamãe ou o papai iam até o quarto. Se pedíssemos, eles ficavam, ou deixavam uma luz acesa, até a hora que pegássemos no sono. Eles eram responsáveis por nós.

Agora somos adultos. Antes, se as coisas não corressem bem, era possível culpar a idade, a condição social, o emprego ou as circunstâncias. No entanto, pouco a pouco, percebemos que poderíamos mudar essas coisas — se estivéssemos dispostos a pagar o preço para modificá-las. Já passamos tempo suficiente no Reino Mágico do "E Se" para acreditar que a vida poderia encerrar mais coisas do que tínhamos vivenciado até então. Começamos a desconfiar que a vida não é moldada pelas pessoas ao redor nem pelas circunstâncias nas quais nos encontramos. Lentamente, vai ficando claro que, com a orientação de Deus, controlamos nossa vida. Sem dúvida, podemos conversar com outras pessoas e pedir conselhos, mas em última análise a decisão é nossa. *Está na hora de enfrentar o fato de que você tem o controle da sua vida! Você é, e sempre será, um produto das suas escolhas.*

O Exercício 1-1 talvez possa ajudá-lo a avaliar a competência com que você está exercendo a sua liberdade de reagir às circunstâncias nas quais se encontra. Não se trata de um teste. O exercício foi concebido para ajudá-lo a refletir sobre quanto controle tem sobre sua vida.

Faça um círculo em volta da letra que indica a resposta que represente com maior precisão a maneira como você se sente no momento:

1. Gosto de ser como eu sou: (a) o tempo todo, (b) na maior parte do tempo, (c) às vezes, (d) nunca.
2. Gosto da minha atividade profissional: (a) o tempo todo, (b) na maior parte do tempo, (c) às vezes, (d) nunca.
3. Alcanço as minhas metas: (a) o tempo todo, (b) na maior parte do tempo, (c) ocasionalmente, (d) nunca.
4. Tenho uma atitude positiva a respeito de: (a) tudo, (b) a maioria das coisas, (c) algumas coisas, (d) nada.
5. O meu relacionamento mais íntimo: (a) é ideal, (b) poderia ser melhorado, (c) precisa melhorar, (d) é terrível.
6. Os meus relacionamentos com os meus colegas de trabalho são: (a) ideais, (b) poderiam ser melhorados, (c) precisam de muitas melhoras, (d) simplesmente não têm jeito.
7. Se eu continuar a seguir o caminho que estou seguindo, eu: (a) atingirei o meu pleno potencial, (b) me sairei regularmente bem com relação às minhas metas, (c) ficarei velho antes do tempo, (d) desapontarei a mim mesmo e os outros.
8. As minhas finanças pessoais: (a) parecem a Casa da Moeda, (b) são abundantes mas eu desejo mais, (c) mal são adequadas, (d) são um desastre.
9. Quase todas as pessoas que conheço: (a) devem o seu sucesso ao fato de me conhecerem, (b) sentem-se enriquecidas porque me conhecem, (c) me acham interessante, (d) me acham "chato".

Exercício 1-1. Como Você Está se Saindo Até Aqui?

Marque os seus resultados da seguinte maneira: 10 pontos para cada resposta (a), 7 pontos para resposta (b), 5 pontos para cada resposta (c) e 1 ponto para resposta (d).

- Se você totalizou de 85 a 100 pontos, pare de ler este livro e passe-o adiante para um amigo.
- Se você totalizou de 70 a 84 pontos, você tem muitas coisas a seu favor. Este livro deverá ajudá-lo a reforçar as suas atitudes e ações positivas.
- Se você totalizou de 55 a 69 pontos, você tem algumas áreas que precisam ser muito melhoradas, como a maioria de nós. Este livro poderá ajudá-lo.
- Se você totalizou de 40 a 54 pontos, as ideias externadas neste livro poderão mudar radicalmente a sua vida.
- Se você totalizou 39 pontos ou menos, o que você tem a perder? Continue a ler!

Você e a lei da inércia

Você ficou satisfeito com o seu resultado no questionário do Exercício 1-1? Se não ficou, reflita sobre a lei da inércia que diz o seguinte:

> Um corpo em repouso tende a permanecer em repouso, e um corpo em movimento tende a permanecer em movimento, à mesma velocidade e na mesma direção, a não ser que sofra a ação de uma força externa.

Com uma importante mudança, essa lei se aplica muito bem a nossa vida.

As Pessoas:
Bem-sucedidas tendem a continuar bem-sucedidas
   Felizes tendem a permanecer felizes
      Respeitadas tendem a continuar a ser respeitadas
         Que atingem as suas metas tendem a continuar a atingir as suas metas.

Qual é então a mudança importante? A inércia física é controlada por forças externas, mas as verdadeiras mudanças no rumo da nossa vida vêm de dentro de nós. Como declarou William James: "A maior descoberta da minha geração é que uma pessoa pode alterar a sua vida alterando a sua atitude mental".

Podemos viver cada dia da vida. Podemos estar vivos até a raiz dos cabelos. Podemos realizar praticamente qualquer meta digna que estabeleçamos para nós mesmos.

NESSE MEIO-TEMPO, DE VOLTA AO MUNDO REAL

O problema com o Reino Mágico do "E Se" é que ninguém pode viver lá! Aqueles que tentam descobrem que ele se transforma no Reino Fatal de "Se ao Menos".

Eles Dão Consigo Dizendo:
"Se ao menos eu tivesse mais dinheiro. Eu poderia ..."
  "Se ao menos as minhas circunstâncias fossem diferentes, eu poderia..."
    "Se ao menos eu fosse de outra raça, eu poderia..."
      "Se ao menos eu tivesse mais instrução, eu poderia..."
        "Se ao menos eu não tivesse feito..."

Os sonhos que descobrimos no reino mágico do "e se" só podem se tornar realidade quando temos os pés firmemente plantados no mundo real. Se visitarmos frequentemente o mundo mágico do "e se", tivermos sonhos grandiosos enquanto estivermos lá, ficaremos impressionados com o que poderemos realizar.

Ouse ser um sonhador prático

Ouse sonhar! Ouse ter esperança! Ouse ver a si mesmo como um grande feixe de potencial! Os psiquiatras estão reconhecendo cada vez mais o valor dos devaneios. Pesquisas demonstraram que as pessoas com os QIs mais elevados tendem a passar muito tempo sonhando acordadas, imaginando como as coisas poderiam ser. A maioria das invenções realmente importantes começou como imagens na mente de sonhadores.

Lembremos, um sonho só é um sonho enquanto não se torna realidade. Ralph Waldo Emerson foi um dos maiores visionários da história. Na realidade, muitos o consideram o maior "místico" que já viveu. No entanto, Emerson disse a um artista ambicioso: "O único caminho para o sucesso na nossa arte é tirar o casaco, triturar a tinta e trabalhar como um escavador na via férrea, o dia inteiro, todos os dias". Quando eu era menino, a minha mãe sempre me dizia: "Se é para ser, cabe a mim fazer".

Para cada inovação verdadeiramente importante que foi realizada, pelo menos cem provavelmente poderiam ter sido feitas, mas não foram. Por quê? Por duas razões básicas: muitos inovadores em potencial deixaram de sonhar, e muitos sonhadores deixaram de tornar os seus sonhos realidade.

Os Sonhos:
Elevam a nossa visão do corriqueiro para o potencial
    Nos conferem esperança
        Nos inspiram a tentar o impossível
            Nos desafiam a tornar-nos mais do que fomos
                Inspiram outros a esperar algo mais
                    Nos desafiam a crescer

Ou sonhamos coisas maiores e melhores, ou caímos no buraco descrito por Henry David Thoreau quando disse: "As massas levam uma vida de silencioso desespero".

O lado prático de sonhar envolve estar disposto a pagar o preço para tornar esses sonhos realidade.

A Praticabilidade:
Confere forma aos nossos sonhos
　Torna as nossas esperanças tangíveis
　　Torna as nossas ideias úteis
　　　Converte as nossas aspirações em ações
　　　　Acrescenta significado aos nossos ideais

Os sonhos se tornam realidade quando pagamos o preço

"Nido, eu daria qualquer coisa para ser capaz de falar diante de um grupo como você", disse-me recentemente um jovem.

"Você seria dez vezes melhor do que eu", retruquei, "se você desse ao menos um décimo do que eu dei."

Cada dia nos apresenta um vasto conjunto de possibilidades e potencialidades. Oportunidades desfilam diante de nós como estrelas em uma noite sem nuvens. As pessoas à nossa volta as agarram, como o homem que ganhou uma fortuna com as "pedras de estimação".*

"Mas essas pessoas têm sorte!", lamenta-se alguém.

Mesmo? Os sonhos podem se tornar realidade quando estamos dispostos a pagar o preço para que eles se tornem realidade.

Muitos não estão dispostos a pagar o preço do sucesso. Talvez por isso tantos se recolhem ao que o meu colega palestrante Jim Newman chamou de "zona de conforto". Eles anseiam por um lugar para descansar, um lugar para ficar em segurança, um lugar para ser confortados e afagados.

Mas as "Zonas de Conforto" São como Cavernas:
A sua escuridão torna difícil enxergar
　O seu ar estagnado torna difícil respirar
　　As suas paredes nos encurralam
　　　O teto baixo nos impede de ficar eretos

---

* As pedras de estimação (*pet rocks*) foram uma mania nos Estados Unidos em meados da década de 1970. Um californiano que trabalhava com publicidade teve a ideia conversando com os amigos. As pedras eram baratas, obedientes e não faziam sujeira. Assim, a moda pegou, mas antes que a mania (que durou pouco) se extinguisse, 5 milhões de pedras de estimação foram vendidas, a 3,95 dólares cada uma. (N. da T.)

O fato de você ter lido o livro até aqui indica que você não está disposto a viver o resto da vida em uma "zona de conforto". Talvez você esteja cansado de não se sair bem. Talvez você tenha sido um vencedor na "segunda divisão" e agora esteja pronto para a "primeira divisão" no jogo da vida. Se for esse o caso, este livro é para você. Leia-o para se inspirar. Aplique-o para se tornar bem-sucedido e importante — no trabalho e na vida.

E isso nos conduz ao próximo capítulo: "Como se Tornar um Vencedor?"

Capítulo

2

Como se tornar um vencedor?

Ao buscar o sucesso, a maior vantagem que se pode ter é uma atitude vencedora.

A Literatura e a História Estão Repletas de Pessoas que:
Sofriam de graves deficiências
    Com frequência eram menos talentosas do que aquelas que as cercavam
        Viviam às vezes em horríveis circunstâncias
            Geralmente enfrentaram muitas derrotas

No entanto, muitas dessas pessoas estão relacionadas entre os vencedores na Galeria da Fama da vida.

Por quê? O que Promoveu o Sucesso Delas?
Quando outros ao seu redor falharam
Quando outros eram mais talentosos
Quando outros tinham mais oportunidades
Quando outros com frequência tinham muito mais recursos

Eis o segredo: *Elas tinham uma atitude vencedora!*

No jogo da vida, assim como no esporte, sempre há muito mais perdedores do que ganhadores. No beisebol, apenas dois times podem disputar o campeonato anual da World Series, e somente um deles pode vencer. No futebol americano profissional, apenas dois times podem disputar o Superbowl, o jogo final do campeonato. Quase todos os esportes jogados profissionalmente têm a seguinte característica em comum: apenas um time, ou uma pessoa, pode ganhar o grande prêmio!

Os narradores de corridas de cavalos usam uma expressão que corresponde com mais precisão ao jogo da vida, que é "also ran".* Depois de relacionar o vencedor e o segundo e o terceiro colocados, eles mencionam os "demais participantes". Estes foram os cavalos que participaram da corrida mas cujo desempenho não foi bom o suficiente para que eles fossem incluídos entre os vencedores. O grande prêmio vai para vencedor, e prêmios menores são concedidos, em ordem decrescente, ao segundo e ao terceiro colocados. Mas uma parte muito pequena do dinheiro do prêmio e da aclamação, ou nenhuma, vai para os "demais participantes".

Tanto nos negócios quanto nos serviços sociais, também há alguns vencedores, porém muitos "participantes". Alguns são os líderes, os realizadores que se destacam, e a pequena minoria que "caminha o quilômetro extra". No entanto, infelizmente, a maioria das pessoas é apenas relacionada como trabalhando para uma organização ou corporação.

A estreita margem de vitória

Se avançarmos mais um pouco com a analogia da corrida de cavalos, perceberemos uma coisa muito interessante. Em geral, a margem de vitória para os vencedores não é muito ampla.

Um cavalo chamado Nashua, por exemplo, ganhou mais de um milhão de dólares na sua carreira. No entanto, o tempo total efetivo de corrida de Nashua somou menos de uma hora. (É claro que esse número não inclui as intermináveis horas de preparação necessárias para que ele ganhasse todas essas corridas). Quando Nashua foi vendido, ele alcançou um preço cem vezes maior do que o da maioria dos cavalos que corriam contra ele.

O que torna Nashua cem vezes mais valioso do que os outros cavalos? Ele é cem vezes mais rápido do que os "demais participantes"? De jeito nenhum! Para vencer sistematicamente e, portanto, ter muito mais valor, ele

---

* Expressão em português traduzida como "demais participantes".

só precisou correr ligeiramente mais rápido do que os outros. Na realidade, Nashua ganhou muitas corridas por uma margem muito pequena. Em algumas delas, os juízes só puderam conceder o prêmio depois de examinar a fotografia do focinho dos dois primeiros colocados cruzando a reta final.

Em todas as áreas do empreendimento humano, a pequena vantagem que separa o realizador dos "demais participantes" é geralmente menor do que 2%, de acordo com o que um escritor escreveu em uma revista de circulação nacional. Com muita frequência, a pequena vantagem do vencedor não é causada pelo talento, por recursos ou pela inteligência. *Em geral, o fator decisivo é a atitude vencedora.*

OS VENCEDORES CRIAM AS SUAS METAS: OS PERDEDORES ARRANJAM DESCULPAS!

O meu amigo Zig Ziglar tem ajudado milhares de "participantes" a se tornar vencedores por meio dos seus seminários e do seu *best-seller See You at the Top*. No livro, ele fala a respeito da "contusão do perdedor". Ele a descreve da seguinte maneira:

Em um jogo de futebol decisivo, o time da casa está perdendo por um *touchdown*, e o tempo está se esgotando. O número da camiseta do *wide receiver* (recebedor) é gritado na armação. Ele está cansado por ter corrido no campo a tarde inteira. O seu corpo está todo dolorido por ele ter sido derrubado várias vezes pelos jogadores da defesa. Além disso, ele sabe que o *quarterback* esteve sob pressão a tarde inteira e, com a defesa esperando um passe, a probabilidade de que a bola venha a ser lançada é menor do que mil para um.

Assim sendo, ele avança pelo campo mais ou menos a meia velocidade. Ele faz a sua movimentação na jogada e procura a bola. Para sua surpresa, ele a vê se aproximando — bem no alvo! O perdedor dá um salto heroico para tentar agarrar a bola, mas esta cai no chão na *end zone* — ligeiramente fora do seu alcance. A multidão urra desapontada.

Lentamente, o *receiver* se levanta. Incapaz de admitir que deixou cair a bola, ele avança mancando em direção à lateral do campo. Ele é a única pessoa no estádio que sabe que não está machucado. No entanto, ciente de que não será alvo da admiração do público, ele se conforma com a "contusão do perdedor".

A moral da história? *Os vencedores criam as suas metas: os perdedores arranjam desculpas!*

Vencedores:
- Sempre têm uma ideia
- Sempre dizem: "Pode deixar que eu faço"!
- Enxergam uma resposta para cada problema
- Sempre dizem: "Eu consigo"!
- Procuram uma maneira de fazer as coisas

Perdedores
- Sempre têm uma desculpa
- Sempre dizem: "Não é minha função"!
- Enxergam um problema para cada resposta
- Sempre dizem: "Não consigo"!
- Procuram uma maneira de cair fora.

Quase sempre, as atitudes fazem a diferença. Quer você ache que consegue ou que não consegue, em geral você estará certo!

Os perdedores se conformam com a segunda colocação!

É possível distinguir os vencedores dos perdedores de outra maneira: os vencedores comparam as suas realizações com as suas metas, ao passo que os perdedores comparam as suas realizações com as de outras pessoas.

Richard Petty ganhou mais dinheiro em prêmios do que qualquer outro piloto de corridas *stock car* na história do esporte. A sua narrativa do que aconteceu quando ele descreveu para a sua mãe os resultados da sua primeira corrida é muito interessante.

"Mama!", exclamou ele enquanto entrava em casa correndo. "Havia 35 carros na corrida e eu cheguei em segundo lugar!"

"Você perdeu!", replicou a sua mãe.

"Mas, Mama!", protestou Petty, "Você não acha que é um bom resultado chegar em segundo lugar na minha primeira corrida, especialmente com tantos carros competindo?"

"Richard", declarou a sua mãe com severidade, "você não precisa ser o segundo atrás de ninguém!"

Nas duas décadas seguintes, Richard Petty dominou as corridas de *stock car*. Muitos dos seus recordes ainda não foram quebrados. Ele nunca se esqueceu do desafio da mãe: "Richard, você não precisa ser o segundo atrás de ninguém!"

Os vencedores comparam as suas realizações com as suas metas e o seu potencial. Os perdedores sempre se comparam com os outros.

VOCÊ TEM UMA ATITUDE VENCEDORA?

O fato de alguém ser um sucesso ou um fracasso na vida tem pouco a ver com as circunstâncias e tem muito a ver com a atitude!

Poucos anos antes de o dr. Norman Vincent Peale falecer, sentei-me à mesa do jantar com ele quando ambos discursamos em uma convenção nacional em Nova Orleans. Esse homem inspirou uma nação, bem como muitas pessoas ao redor do mundo, com os seus livros, artigos e palestras. Ele sempre dizia que uma das queixas mais comuns é mais ou menos a seguinte: "Dr. Peale, eu gostaria de começar um negócio, ou fazer alguma coisa para o bem da humanidade, mas não tenho dinheiro!" Eis a resposta do dr. Peale: "Um bolso vazio nunca representou um empecilho... A cabeça e o coração vazios são os verdadeiros obstáculos".

Os perdedores *culpam* as suas circunstâncias; os vencedores *se elevam acima* das circunstâncias. Os perdedores se concentram nos bloqueios que os oprimem; os vencedores sempre procuram uma maneira de passar por baixo, por cima, ao redor ou através deles.

Você tem uma atitude vencedora? Verifique isso respondendo ao questionário do Exercício 2-1.

AS PESSOAS NÃO NASCEM VENCEDORAS; ELAS SE TORNAM ASSIM

Earl Nightingale contou certa vez a história de um professor que surpreendeu um grupo de educadores universitários com um desafio. Ele lhes perguntou se seriam capazes de resumir em uma breve declaração todos os livros que tinham sido escritos até então a respeito de como motivar as pessoas. Depois de um longo debate, eles produziram a seguinte declaração que dizia tudo: "A mente examina o que observa e descarta o que não observa; a mente acredita no que observa continuamente; a mente acaba fazendo o que acredita". Podemos ser vencedores controlando as informações que entram no nosso grande computador — a mente. Por meio de uma quantidade suficiente de informações corretas, a mente começa a controlar as nossas emoções, e não o contrário.

As crianças são um exemplo do "vice-versa". Elas passam os dias procurando coisas para fazer, brincadeiras, maneiras de se divertir e ser entretidas por outras. A maioria de nós acha que as crianças são "engraçadinhas" porque estão crescendo. Não esperamos que elas ajam de um modo maduro porque ainda são crianças. No entanto, não achamos engraçadinhas as pessoas que ainda agem como crianças aos 35 anos de idade, porque esperamos que elas amadureçam com a idade.

Coloque um "X" na coluna apropriada depois de cada afirmação:

	Sempre	*Geralmente*	*Raramente*
1. Eu me preparo adequadamente para todas as tarefas.			
2. Encaro as minhas circunstâncias de uma maneira positiva.			
3. Encaro os problemas como oportunidades.			
4. Sou flexível e tolerante com relação às opiniões das outras pessoas.			
5. Sou resoluto. Tomo decisões com presteza e ajo com determinação.			
6. Lido com todas as tarefas (mesmo que extremamente rotineiras) com vivacidade e criatividade.			

	Sempre	Geralmente	Raramente

7. As minhas ações demonstram que tenho confiança em Deus, em mim mesmo e nos outros.
8. Estou preparado para o pior, mas suponho e tenho esperança que o melhor vá acontecer.
9. Sou uma pessoa entusiasmada e tento passar entusiasmo para os outros.
10. Empenho-me ao máximo em todas as tarefas.
11. Enfrento todo tipo de medo com coragem pessoal.
12. Reconheço que o meu sucesso é favorecido pela ajuda que recebo dos outros.
13. Ajo com total honestidade, integridade e sinceridade.
14. Sou leal aos que contam comigo.
15. Tenho um compromisso com a excelência em tudo que faço, e me orgulho de todas as tarefas que me são atribuídas.
16. Dou mais do que é esperado de mim.
17. Aprendo com os meus erros e fracassos em vez de permitir que eles façam com que eu me sinta desanimado ou derrotado.
18. Mantenho o meu corpo em ótimas condições e o meu nível de energia elevado por meio do descanso regular, de uma alimentação adequada (mas não adequa-

	Sempre	Geralmente	Raramente

da "demais") e de um programa constante de exercícios físicos.

19. Evito a fadiga emocional proveniente da aflição, da preocupação com frivolidades e dos ressentimentos.
20. Avalio o meu desempenho somente com relação ao meu potencial e não comparo as minhas realizações com as de outras pessoas.
21. Aceito a responsabilidade com alegria.
22. Sou receptivo a novas ideias, desafios e situações.
23. Tenho consciência de que, independentemente de para quem eu esteja trabalhando, sou o meu próprio chefe e exijo o melhor de mim mesmo.
24. Eu me concentro em metas, e não em atividades. Não desperdiço o meu tempo com um trabalho improdutivo.
24. Trabalho bem em equipe. Dou o melhor de mim sem pensar em quem vai receber o mérito pelas realizações da equipe.

Totais

Exercício 2-1. Questionário da Atitude Vencedora

Marque 4 pontos para cada "X" na coluna de "Sempre", 2 pontos para cada resposta "Geralmente" e 0 ponto para cada resposta "Raramente".

- 90 a 100 pontos: você está bem adiantado no caminho em direção a se tornar um vencedor.
- 81 a 89 pontos: você tem hábitos vencedores, mas definitivamente precisa ler a próxima seção.
- 79 a 80 pontos: a sua atitude é "média". Se você deseja se tornar um vencedor, leia e estude atentamente a próxima seção.
- 78 pontos ou menos: você provavelmente obteria um enorme benefício se decorasse o restante deste capítulo.

Embora a maturidade envolva muitas coisas, ela certamente inclui assumir o controle da nossa vida com a mente — por meio de uma série de decisões racionais — em vez de permitir que as nossas emoções nos governem. Talvez isso explique por que o tédio é um problema na nossa sociedade. As pessoas com um corpo e uma mente adultos, que ainda são governadas pelas emoções, não conseguem encontrar uma quantidade suficiente de coisas — diversão e entretenimento — que satisfaçam os seus anseios. Jesus, o mestre mais sábio que já viveu na Terra, disse que a vida de uma pessoa não consiste das coisas que ela possui. Se você se sente entediado ou insatisfeito com a maneira como a sua vida tem sido até agora, talvez esteja na hora de enfrentar o fato de que *você nasceu para ser um vencedor*.

VOCÊ É UM TIGRE, NÃO UM BODE!

Uma certa história oriental tem sido uma grande inspiração na minha vida. Uma tigresa morreu, e o seu filhote foi adotado por uma cabra. Durante meses, o pequeno tigre bebeu o leite da bondosa cabra, brincou com os filhotes do rebanho e tentou ao máximo balir como as cabras e os bodes.

No entanto, passado algum tempo, as coisas começaram a correr mal. Por mais que tentasse, o tigrinho não conseguia se tornar um bode. Ele não se parecia com um bode, não tinha cheiro de bode e não conseguia emitir sons iguais aos dos bodes. Os outros bodes ficaram com medo dele, porque as suas brincadeiras eram brutas demais e ele estava ficando muito grande. O tigrinho órfão começou a se recolher em si mesmo, a se sentir rejeitado e inferior, e a se perguntar o que havia de errado com ele.

Certo dia, ouviu-se um som forte e estridente! Os bodes e as cabras baliram e se espalharam em todas as direções! O pequeno tigre ficou colado na pedra onde estava sentado!

De repente, o animal mais magnífico que ele já vira entrou saltitante na clareira onde se encontrava o tigrinho! O seu pelo era alaranjado, com listras pretas, e os seus olhos reluziam como fogo. Ele era enorme!

"O que você está fazendo aqui com os bodes?", perguntou o intruso ao pequeno tigre.

"Sou um bode!", respondeu o jovem tigre.

"Siga-me!", ordenou o enorme animal, com um ar de autoridade.

O pequeno tigre obedeceu, trêmulo, enquanto o animal ia abrindo caminho pela floresta. Finalmente, chegaram a um grande rio, e o líder se curvou para beber água.

"Vá em frente, beba", disse o enorme animal.

Quando o pequeno tigre se curvou para beber a água do rio, divisou dois animais do mesmo tipo. Um deles era menor, mas ambos tinham o pelo alaranjado com listras pretas.

"Quem é esse?", perguntou o pequeno tigre.

"É você, o verdadeiro você!", foi a resposta.

"Não! Sou um bode!", protestou o jovem tigre.

De repente, o grande animal se sentou sobre as ancas e deixou escapar o rugido mais aterrorizante que o pequeno tigre jamais ouvira. O rugido sacudiu a floresta e, quando terminou, tudo ficou muito quieto.

"Agora, repita o que acabei de fazer!", pediu o gigantesco animal.

No início, foi difícil. O pequeno tigre abriu bem a boca, como sempre fazia quando bocejava depois de encher o estômago com leite de cabra. O som que saiu foi mais parecido com um balido.

"Vamos lá!", disse o grande animal. "Você consegue!"

O jovem tigre começou a sentir algo roncando no seu estômago. Pouco a pouco o ronco cresceu, cresceu, e cresceu mais ainda, até que começou a sacudir todo o seu corpo.

Quando não conseguiu mais conter o ronco dentro de si, o pequeno tigre soltou um rugido.

"Isso mesmo!", declarou o enorme animal, "você é um tigre, não um bode!"

O jovem tigre começou a compreender por que ficava insatisfeito quando brincava com os bodes e as cabras. Nos três dias seguintes, tudo o que fez foi andar silenciosamente pela floresta. Quando começava a duvidar de que era um tigre, ele se sentava sobre as ancas e soltava um rugido. Este não era nem de longe tão forte ou estridente quanto o rugido do tigre adulto, mas era suficiente!

Vou lhe fazer algumas perguntas muito pessoais. Você está cada vez mais insatisfeito em manter o *status quo*? Você está se sentindo cada vez mais como um jogador da primeira divisão que está jogando na segunda?

Se for esse o caso, está na hora de enfrentar o fato de que você é um tigre e não um bode! Talvez esteja na hora de você soltar um rugido e desenvolver uma atitude vencedora!

Como desenvolver essa atitude? Vamos falar sobre este assunto no próximo capítulo.

Capítulo

3

Três passos para desenvolver uma atitude vencedora

Para desenvolver uma atitude vencedora, é preciso dar três passos básicos. Eles são simples de enumerar e fáceis de entender, mas exigem um grande esforço.

PRIMEIRO PASSO
Assuma o compromisso resoluto e permanente de só envolver a sua vida e os seus talentos em atividades que mereçam o seu maior empenho!

Se merece ser feito, merece ser feito da melhor maneira possível. Se não merece que você dê o melhor de si, não merece o tempo do vencedor.

Uma vez que frequentemente me anunciam como um palestrante de negócios inspirador, tento motivar as pessoas contando coisas que aprendi com alguns dos mais notáveis vencedores da história. No entanto, vou contar um pequeno segredo: ninguém consegue realmente motivar ninguém. Trata-se de algo que as pessoas só podem fazer por si mesmas!

Qualquer coisa que não traga à tona o que há de melhor em nós não será importante o bastante para nos motivar a superar todos os obstáculos que nos impedem de nos tornarmos vencedores. Quando uma meta é bastante importante para uma pessoa, esta encontrará uma maneira — os recursos — que lhe permitirão realizar o que inicialmente parecia impossível. Por exemplo, os Alcoólicos Anônimos têm alcançado um enorme sucesso ao ajudar pessoas a superar um grave vício. Entretanto, qualquer membro dessa organização lhe dirá que não há como ajudar um alcoólatra — enquanto a pessoa não se comprometer totalmente com a meta de ficar sóbrio.

Só produzimos o esforço necessário para superar o desânimo, a incompreensão das outras pessoas e a derrota quando nos comprometemos totalmente com um propósito predominante. Examinemos a acidentada carreira de Abraham Lincoln. Ele:

- Perdeu o emprego em 1832
- Foi derrotado ao se candidatar à Assembleia Legislativa em 1832
- Fracassou nos negócios em 1833
- Foi eleito para a Assembleia Legislativa em 1834
- Perdeu a namorada (por falecimento) em 1835
- Sofreu um esgotamento nervoso em 1836
- Foi derrotado ao se candidatar a Presidente da Câmara dos Representantes em 1838
- Foi derrotado como candidato ao Congresso em 1843
- Foi eleito para o Congresso em 1846
- Perdeu a indicação para o Congresso em 1848
- Foi derrotado ao se candidatar a Diretor do Cartório de Registro de Terras em 1849
- Foi derrotado ao se candidatar ao Senado em 1854
- Perdeu a indicação para a vice-presidência em 1856
- Foi novamente derrotado ao se candidatar ao Senado em 1858
- Foi eleito presidente em 1860

Somente a profunda convicção de Lincoln de que Deus lhe conferira uma missão a ser cumprida fez com que ele continuasse em uma situação na qual a maioria das pessoas teria desistido. Essa motivação pode muito bem ser ridicularizada nestes dias de glorificação do eu — como o foi na época dele — mas ela encerra o tipo de conteúdo que faz com que as pessoas se tornem vencedoras.

É claro que as pessoas que têm uma atitude vencedora sabem que a fama e a fortuna não são os únicos indicadores do sucesso. O reconhecimento público e o dinheiro são apenas maneiras superficiais de acompanhar os resultados. O que motiva os vencedores a empregar um esforço sobre-humano, a se recuperar dos fracassos e derrotas, a superar desvantagens e a combater o desânimo e o medo é o conhecimento de que estão envolvidos em um propósito maior do que eles mesmos. Como os perdedores carecem da força interior silenciosa e da motivação oriunda de um sentimento de propósito, eles

Frequentemente Sofrem:
Da atitude desanimada de "Graças a Deus Hoje é Sexta-feira"
Das consequências dos seus atrasos e faltas constantes ao trabalho
Da fadiga emocional de tentar acompanhar o ritmo da vida
Do vazio do baixo desempenho
De tédio, ansiedade e depressão.

Talvez tenha sido a essa força interior que Albert Schweitzer, que abandonou uma carreira promissora como médico particular para passar a vida cuidando de nativos na África, estava se referindo quando declarou: "Precisamos compartilhar o conhecimento de que a nossa existência só alcança o seu verdadeiro valor depois que vivenciamos em nós mesmos a verdade da afirmação: 'Aquele que perde a sua vida a encontrará'".

Se alguém quiser desenvolver uma atitude vencedora, o primeiro passo é assumir o compromisso resoluto e permanente de só envolver a vida e os talentos em atividades que mereçam o melhor empenho. Examinaremos como escolher essas atividades no Capítulo 8.

SEGUNDO PASSO
Assuma o compromisso resoluto e irrevogável de empenhar tudo o que você tem, e tudo o que você é, na realização das suas metas!

Quando perguntaram a Charles Dickens qual era o segredo do seu sucesso, ele respondeu: "Tudo o que tentei fazer na vida, tentei de todo coração fazer bem feito".

Essa é a diferença entre os vencedores e os perdedores. Os perdedores fazem o que lhes é pedido, ou até menos, mas os vencedores sempre fazem mais do que o necessário — e o fazem com entusiasmo. Os perdedores sempre estão procurando uma saída fácil, mas os vencedores, por terem se comprometido com as metas que escolheram, arregaçam as mangas e enfrentam os desafios à medida que eles surgem. O grande filósofo Elbert Hubbard declarou certa vez: "As pessoas que nunca fazem além do que são pagas para fazer, nunca são pagas por mais do que fazem". Edward Markham disse o mesmo de outra maneira:

Para todos os teus dias, prepara-te;
  E enfrenta-os da mesma maneira;
Quando fores a bigorna, suporta;
  Quando fores o martelo, golpeia.

Os perdedores veem a si mesmos executando uma tarefa. Os vencedores se consideram uma parte da humanidade e veem o seu trabalho como a sua contribuição para um mundo melhor. George Bernard Shaw, o grande dramaturgo inglês, disse isso da seguinte maneira:

> Estou convencido de que a minha vida pertence a toda a comunidade e, enquanto eu viver, é meu privilégio fazer por ela o que eu puder, pois quanto mais trabalhar arduamente mais eu vivo. Regozijo-me com a vida pelo bem da vida. Para mim, a vida não é uma vela que queima por pouco tempo. É uma espécie de esplêndida tocha que veio às minhas mãos por um momento, e quero fazer com que ela brilhe o mais intensamente possível antes de passá-la adiante para as gerações futuras.

Que atitude! Dá para imaginar uma vida enfadonha, ou um trabalho maçante, para uma pessoa com esse espírito?

O vencedor aceita o fato de que os problemas são apenas oportunidades disfarçadas. Para o vencedor, tudo é uma oportunidade. Edmund Burke declarou o seguinte:

> Na maioria das vezes, a batalha é árdua, e vencê-la sem lutar é quase como fazê-lo sem honra. Se não existissem dificuldades, não haveria sucesso; se não

tivéssemos pelo que lutar, nada haveria para ser alcançado. As dificuldades podem intimidar os fracos, mas funcionam apenas como um estímulo saudável para os homens resolutos e corajosos. Na realidade, todas as experiências da vida servem para provar que os obstáculos lançados no caminho do progresso humano geralmente podem ser superados pela boa conduta constante, pelo empenho sincero, pela diligência, pela perseverança e, acima de tudo, pela resolução determinada de sobrepujar as dificuldades e enfrentar o infortúnio com coragem.

Nada Funciona como o Trabalho. Muito tem sido dito a respeito do STP, LSD e THC — as drogas que possibilitam um escape da realidade. Entretanto, um veículo de escape bem mais perigoso está muito mais difundido do que essas drogas. Trata-se do QCG, ou QUERER AS COISAS DE GRAÇA. Para muitas pessoas, a tentação é quase irresistível. Ela é assustadora de tão viciante. Destrói a autoconfiança e a dignidade, e, psicologicamente, contém o impacto de termos recebido uma mercadoria roubada, o que gera a culpa.

Não é de se estranhar que um importante psiquiatra tenha dito que o mundo ocidental é uma grande crise de identidade. Para a pessoa normal que acorda pela manhã sem nada de útil para fazer e sem um lugar para ir onde seja necessária, a vida se torna um pesadelo cujo sentido essa pessoa precisa entender — para não ficar maluca.

Pensemos nas seguintes avaliações do trabalho feitas por alguns dos maiores vencedores de todos os tempos:

> Não se deixe enganar pela ideia que, de algum modo, o mundo tem obrigação de sustentá-lo. O menino que acredita que os seus pais, o governo ou qualquer outra pessoa tem obrigação de sustentá-lo e que ele pode colher esse sustento sem esforço despertará um dia e dará consigo trabalhando para outro menino que acreditava em outra coisa e, portanto, conquistou o direito de ter outras pessoas trabalhando para ele.
>
> — *David Sarnoff*

> O denominador comum do sucesso é o trabalho. Sem o trabalho, o homem perde a visão, a confiança e a determinação de ter sucesso na vida.
>
> — *John D. Rockefeller*

"É 99% suor e 1% inspiração", quando lhe pediram que explicasse a sua genialidade.
— *Thomas A. Edison*

Se as pessoas soubessem quanto trabalhei para alcançar a minha perícia, esta não pareceria tão maravilhosa.
— *Michelangelo*

Um gênio? Talvez, mas antes de ser um gênio fui um burro de carga.
— *Paderewski*

Toda a minha genialidade é fruto de um grande esforço.
— *Alexander Hamilton*

Talvez alguém tenha metas grandiosas, ideais elevadíssimos, sonhos nobres, mas nada funciona sem trabalhar!

Persevere — aconteça o que acontecer! Os perdedores são às vezes conhecidos por projetos que iniciam, mas os vencedores são lembrados pelos projetos que concluem. B. C. Forbes, fundador da *Forbes Magazine*, declarou certa vez: "Uma tarefa concluída com êxito é melhor do que meia centena de tarefas concluídas pela metade".

Dê uma Olhada no Histórico destas Pessoas:
- Henry Ford fracassou e foi à falência cinco vezes antes de finalmente ser bem-sucedido.
- Babe Ruth, considerado pelos historiadores do esporte como o maior atleta de todos os tempos e famoso por marcar o recorde do *home run*, também detém o recorde de *strike-outs*.
- Winston Churchill só se tornou primeiro-ministro da Inglaterra aos 62 anos de idade, depois de uma vida inteira de derrotas e reveses. As suas maiores contribuições tiveram lugar quando ele era uma "pessoa idosa".

- Dezoito editoras recusaram a história de 10 mil palavras de autoria de Richard Bach a respeito de uma gaivota "altiva", *Fernão Capelo Gaivota*, até que a Macmillan finalmente a publicou em 1970. Em 1975, o livro tinha vendido mais de 7 milhões de exemplares, somente nos Estados Unidos.
- Richard Hooker trabalhou durante sete anos no *M*A*S*H*, seu romance cômico sobre a guerra. Ele foi rejeitado por 21 editoras até que a Morrow decidiu publicá-lo, gerando um filme com uma enorme bilheteria e uma série de televisão de grande sucesso.

Na fórmula de sucesso da vida, nada é capaz de substituir a persistência. O talento não o fará; nada é mais comum do que homens com uma capacidade excepcional que fracassam. A oportunidade não o fará; muitos desperdiçam as suas melhores chances soltando a bola cedo demais. O entusiasmo não o fará; nas mãos das pessoas preguiçosas e impacientes, ele pode desaparecer da noite para o dia. Somente a perseverança e a determinação são indispensáveis quando se trata da obtenção de resultados.

Se o que estamos fazendo vale a pena, devemos persistir até o final!

Alguns Não Vão Entender, mas "Não Tem Problema"! Sempre haverá as pessoas críticas e céticas que, relutantes em tentar, ridicularizam e criticam aquela que avança devagar e com firmeza apesar das circunstâncias. Abraham Lincoln era chamado de "brutamontes" e "palhaço". Um dos seus colegas o rotulou de "vergonha para a república". Eu teria prazer em informar quem eram esses críticos, mas ninguém parece se lembrar do nome deles.

O que Você Acha dos Seguintes Comentários?
- Você está colocando um jacaré na camisa em vez de um bolso? Não consigo acreditar! Elas vão ficar encalhadas!
- Não se preocupe, chefe. Ninguém vai comprar aqueles minúsculos carros japoneses.
- Quem vai querer seis garrafas iguais em um pacote com uma alça para carregar?

- Acho que esses pneus parecem achatados. Como é mesmo que você disse que eles se chamam? Radiais?
- Relógios sem ponteiros? Você está maluco!
- Vamos lá! Não me diga que conseguem colocar música em uma fita adesiva.

Eis o que o falecido presidente Theodore Roosevelt disse certa vez a respeito das pessoas negativas que estão sempre procurando alguma coisa para criticar:

> Não é a crítica que conta; não é o homem que mostra que o homem poderoso tropeçou ou enfatiza como as façanhas de alguém poderiam ter sido melhores. O mérito pertence ao homem que está efetivamente na arena; que luta com destemor; que comete erros e deixa de alcançar os seus objetivos, porque não existe esforço sem erro e deficiências; que efetivamente tenta realizar a façanha; que conhece o grande entusiasmo, a grande dedicação, que conhece no final o triunfo da elevada realização, e que, na pior das hipóteses, se fracassar, pelo menos fracassa ousando com grandeza. É bem melhor ousar coisas imensas, conquistar triunfos gloriosos mesmo que marcados por eventuais fracassos, do que se enfileirar com os espíritos medíocres que nem se alegram nem sofrem muito porque vivem no crepúsculo cinzento que não conhece nem a vitória nem a derrota.

A fim de desenvolver uma atitude vencedora, é preciso assumir o intenso e irrevogável compromisso de dar tudo o que se tem, e tudo o que se é, para alcançar as metas escolhidas.

TERCEIRO PASSO
Assuma o sólido compromisso de alcançar o seu pleno potencial como ser humano!

Decida, de uma vez por todas, que você será o melhor que pode ser em qualquer coisa que se propuser a fazer. Vince Lombardi, o lendário técnico dos Green Bay Packers, fez a seguinte declaração, breve porém inspiradora, para o seu time:

Depois que os aplausos se calam e o estádio fica vazio, depois de as manchetes terem sido escritas, depois de vocês estarem de volta ao silêncio do seu quarto e o anel do Super Bowl ter sido colocado sobre a cômoda, e depois de todo esplendor e alarde ter desaparecido, eis o que resta: a dedicação à excelência, a dedicação à vitória e o empenho de fazer o melhor que pudermos para tornar o mundo um lugar melhor.

Prefiro ver a mim mesmo, e a outros seres humanos, como a expressão criativa de um Deus amoroso. Do meu ponto de vista, o humanismo ateísta é, na melhor das hipóteses, inadequado e, na pior, arrogante. O Livro de Gênesis diz que Deus, o soberano do universo, soprou nas nossas narinas, e nos deu a vida. Em outras palavras, cada um de nós carrega uma parte do Divino. Somente quando estamos comprometidos com a excelência é que podemos começar a ficar à altura de tudo o que fomos criados para ser. Somente quando encaramos a humanidade como o produto de um Ser Supremo é que podemos explicar o enorme esforço cotidiano que nos desafia a tornar-nos algo que ainda não somos — o anseio de viver à altura do que há de melhor dentro de nós.

Como diria Emerson, somente o nosso Criador pode nos conduzir e nos ensinar o que podemos fazer melhor do que qualquer outra pessoa. Somente o nosso Criador conhece o pleno potencial que Ele nos deu.

"Qualquer pessoa consegue contar as sementes de uma maçã, mas apenas Deus é capaz de contar as maçãs de uma semente", declarou o dr. Robert Schüller.

Se uma pessoa deseja ter na vida o tipo de felicidade e profunda satisfação pessoal que as circunstâncias não podem destruir, deve procurar por aquilo que consegue fazer melhor, aquilo que não deixaria de fazer por dinheiro algum, aquilo que com alegria pagaria pelo privilégio de fazer. Depois que encontrar tal coisa, deve realizá-la com tudo o que existe dentro de si.

Examine quem você é! Você nasceu para a grandeza, porque nasceu da grandeza. Examine, por um momento, algumas das aptidões exclusivas que você possui enquanto ser humano.

A Capacidade de Pensar. De todas as criaturas que vivem na Terra, somente os homens têm uma enorme capacidade de pensar, raciocinar, armazenar gigantescas quantidades de conhecimento, desenvolver a sabedoria, avaliar e observar informações em uma diversidade de combinações. No entanto, os cientistas nos dizem que até mesmo os gênios, como Einstein, Sócrates e Edison, usavam menos de 10% da sua capacidade mental. À medida que você se expandir para desenvolver seu potencial com plenitude, eis algumas dicas que poderão ajudar a destravar tremendos poderes mentais:

1. *Mantenha a mente desanuviada.* Adquira o hábito de livrar a sua mente de todos os pensamentos negativos e autodestrutivos.
2. *Exercite a agilidade mental.* A mente se expande com o exercício. Mantenha o seu radar mental o tempo todo em funcionamento.
3. *Cultive a sua capacidade de raciocínio.* Crie um jogo no qual você coloca o que sabe em novas combinações.
4. *Alimente a sua mente.* Leia, escute e observe tudo o que puder. Certifique-se de que sempre entende as informações que penetram a sua mente.
5. *Cultive a curiosidade.* Faça perguntas a respeito das coisas que você não entende. Nunca se satisfaça com o que você sabe. Desenvolva a imaginação.
6. *Organize os seus pensamentos.* Exercite-se partindo do que você sabe para descobrir o que você não sabe.
7. *Tenha a mente aberta.* Nunca descarte uma ideia como desnecessária. Escute pontos de vista diferentes dos seus. Você pode aprender alguma coisa com as pessoas que encontra.
8. *Exercite a objetividade.* Esteja sempre disposto a examinar uma ideia ou informação a partir de vários pontos de vista.
9. *Discipline a sua mente para que trabalhe para você.* Obrigue-a a fazer o que você quer, na hora que você quiser.
10. *Cultive o bom-senso.* A verdadeira sabedoria consiste em saber o que fazer com o que você sabe. Aprenda a equilibrar tudo o que você sabe com os valores que encerram significado para você.

"Não conheço nada mais animador", declarou Thoreau, "do que saber que o pensamento é um escultor capaz de criar a pessoa que desejamos ser."

A Capacidade de Criar. A mente humana, aliada a um espírito indômito e um maravilhoso corpo físico, é capaz de criar de uma maneira desconhecida em qualquer parte do universo. Até mesmo quando o corpo físico está limitado em certas áreas importantes, a mente e o espírito humanos podem se libertar para criar de maneiras simplesmente extraordinárias.

Pensemos em Helen Keller. Tendo nascido cega, surda e muda, ela foi isolada dos elos de comunicação mais vitais com todos os outros seres humanos. No entanto, a sua mente aguçada e espírito indomável possibilitaram que ela escrevesse 27 livros e também que inspirasse pessoas de todo o mundo a tornar-se mais do que eram.

Se uma pessoa deseja alcançar o seu pleno potencial, deve cultivar todos os anseios criativos que existem nela, e responder à sensibilidade que clama para se expressar. Desenvolver no mais alto grau as suas melhores e mais proveitosas aptidões.

O maior inimigo dos nossos poderes criativos é o comodismo, ou seja, ficarmos satisfeitos com menos do que somos capazes de fazer. Na Catedral de São Pedro, em Roma, há uma estátua de Moisés incrivelmente realista. A pedra em um dos joelhos da estátua está lascada. Quando lhe perguntaram como isso tinha acontecido, um guia explicou que o próprio escultor, Michelangelo, havia danificado a estátua. Ao concluir a obra, ele olhou para a estátua com os olhos marejados, atirou o martelo sobre ela, e gritou: "Por que não falas?".

É claro que ninguém jamais se torna perfeito, mas qualquer pessoa pode melhorar. O anseio de criar, e de aperfeiçoar a nossa capacidade criativa, nos confere o melhor motivo para crescer — e continuar sempre a crescer.

A Capacidade de Amar. Os homens têm ao mesmo tempo uma avassaladora capacidade de amar e uma imensa necessidade de amar e ser amados. Precisamos nos expandir e entrar em contato com outros seres humanos.

Esse anseio se expressa assim que damos o primeiro suspiro, e permanece como uma parte da nossa constituição até que exalamos o último.

De todas as aptidões humanas, o amor é a mais nobre e a mais enobrecedora. Ela é, de longe, a energia mais poderosa do universo. O amor instiga o espírito a criar, a mente a pensar e o corpo a agir. O ódio pode ser uma energia intensa, bem como o egocentrismo e o medo. Entretanto, nada pode nos elevar às alturas desfrutadas por aqueles que respondem ao amor interior e ao amor dos outros. Somente o amor faz todo o seu sucesso valer a pena. Independentemente de qualquer outra coisa que cultivemos, devemos cultivar também o amor. Só conseguimos alcançar o nosso pleno potencial como seres humanos quando amamos e somos amados.

A Capacidade de Rir e Chorar. Até onde sabemos, os seres humanos são os únicos animais no universo com a delicada estrutura emocional que lhes permite rir e chorar. Para alcançar um potencial pleno, precisamos fazer as duas coisas. "O coração alegre é tão benéfico quanto um remédio: mas o espírito alquebrado resseca os ossos", afirma o autor de Provérbios.

Os especialistas em stress enfatizam que o senso de humor é uma forte defesa contra deixar que a tensão nos domine. A pessoa que consegue rir com frequência e que consegue enxergar o humor até mesmo nos eventos mais estressantes, consegue seguir em frente enquanto outras estão caindo pelo caminho. As pessoas gostam de ficar perto daqueles que têm senso de humor.

Chorar também faz parte da experiência humana. A perda de um ente querido, a agonia da derrota, os intensos desapontamentos e muitas outras circunstâncias deixam qualquer um triste. O segredo da saúde emocional é aprender a lidar com a dor. A pessoa que só reage ao sofrimento com raiva torna-se amarga, endurecida e cética. Alguém disse que as lágrimas lavam a alma. Gosto da maneira como Harry Emerson Fosdick expressa isso: "A vida não pergunta apenas o que somos capazes de fazer; ela pergunta quanto conseguimos suportar sem nos deixar destruir". E um velho sábio disse o seguinte: "A vida é um rebolo: o fato de ele triturá-lo ou poli-lo depende do material de que se é feito".

Citamos com frequência a primeira parte do poema de Ella Wilcox: "Ri e o mundo rirá contigo". Mas as linhas subsequentes apresentam um importante lembrete sobre como lidar com a dor e o sofrimento:

Chora, e chorarás sozinho;
Pois a velha e triste terra precisa apropriar-se da sua própria alegria;
Mas já tem problemas suficientes.

O riso é uma dádiva a ser compartilhada com todos, mas é melhor suportar as lágrimas sozinho — ou com um amigo que esteja disposto a compartilhar a nossa dor.

A Capacidade de Fazer Julgamentos Éticos e Morais. Outros animais respondem a impulsos inatos, mas os homens têm a capacidade de fazer julgamentos éticos e morais. Quer chamemos isso de consciência, valores ou de qualquer outra coisa, algo de vez em quando se levanta em todos nós e diz: "Isso é bom!" ou "Isso é mau!" E quando não damos atenção ao que ouvimos, o fazemos por nossa própria conta e risco.

William Faulkner deu certa vez um excelente conselho a um aluno: "Descobri que a maior ajuda para que possamos enfrentar qualquer problema com decência, dignidade e a coragem necessária é saber onde nos encontramos, ou seja, ter em palavras aquilo que acreditamos e que está originando as nossas ações".

As ideias a respeito da moralidade estão em constante transformação, e as maneiras de chegar a esses julgamentos morais têm sido discutidas em um sem-número de livros. O assunto é tão complexo que muitas pessoas simplesmente optam por não enfrentar o que ele significa. No entanto, até mesmo essa opção é um julgamento moral.

A Capacidade de Receber e Deixar para Trás uma Tradição. Os animais precisam começar do zero, pois só têm aquilo que herdaram geneticamente. No entanto, uma parte gloriosa do talento criativo dos seres humanos é o fato de termos a capacidade de transmitir o conhecimento e a sabedoria de uma geração a outra. Os homens possuem a capacidade única de melhorar a vida edificando a partir do vasto depósito de sabedoria e conhecimento que chegou até nós ao longo das eras. Alguns minutos passados em uma biblioteca podem nos revelar a sabedoria dos filósofos, o romance dos poetas ou o conhecimento dos cientistas — até mesmo dos que viveram séculos atrás. Não é bom saber que não precisamos reinventar a roda, redescobrir o fogo ou desenvolver uma linguagem? Nós nos sentimos humildes quando compreendemos que a maioria dos produtos que desfrutamos na nossa vida só existem devido ao esforço e ao talento criativo daqueles que viveram antes de nós.

Também nos sentimos humildes ao perceber que o que fazemos hoje afetará a vida de pessoas durante vários séculos. Nós, por nossa vez, podemos passar adiante para os nossos filhos, e para outros, aquilo que aprendemos.

A fim de alcançar o verdadeiro potencial como ser humano, é preciso aceitar com gratidão a tradição do passado, construir o presente baseado na sabedoria das eras e tomar a decisão de melhorar o mundo.

Como desenvolver uma atitude vencedora? Assuma os três compromissos fundamentais que se seguem e, depois de tê-lo feito, renove-os a cada novo dia!

1. Assuma o compromisso sólido e permanente de só envolver a sua vida e os seus talentos em atividades que mereçam o seu máximo empenho!
2. Assuma o compromisso sólido e irrevogável de dar tudo o que você tem, e tudo o que você é, para alcançar as suas metas!
3. Assuma o compromisso inabalável de alcançar o seu pleno potencial como ser humano!

Lembre-se das palavras de Adlai E. Stevenson: "Viva com decência, destemor e alegria — e não se esqueça de que, a longo prazo, o que conta não são os anos da sua vida, e sim a vida dos seus anos".

Exercício 3-1. Três Passos em Direção a uma Atitude Vencedora

Capítulo

4

Espelho meu, espelho meu...

A dra. Joyce Brothers, escritora e celebridade da televisão, costuma dizer: "Não é exagero afirmar que uma autoimagem forte e positiva é a melhor preparação possível para o sucesso na vida". Muitos dos psicólogos mais proeminentes dos Estados Unidos estão de acordo com ela nesse ponto, observando que a baixa autoestima é a causa fundamental da maior parte dos problemas sociais do país. A imagem mental que uma pessoa tem de si mesma forma a essência da sua personalidade. Determina mais coisas a respeito dela do que qualquer outro fator isolado que possa afetar a sua vida.

POR QUE A AUTOESTIMA É TÃO CRUCIAL?

Por que a imagem mental que uma pessoa tem de si mesma é tão crucial para determinar quanto ela vai avançar na vida e o grau de felicidade de que vai desfrutar ao longo do caminho?

A Sua Autoestima Molda:
A sua escolha do parceiro
   A sua escolha da carreira
      A sua escolha dos amigos
         A sua escolha das atividades de lazer.

A Imagem Mental Determina:
As suas atitudes em relação a si mesmo e às pessoas ao seu redor
   A sua capacidade de crescer e aprender
      As suas ações e reações
         A sua felicidade ou ausência de felicidade.

A Maneira como Você Vê a Si Mesmo Causa um Profundo Impacto:
Nos seus relacionamentos com a família
   Nos seus relacionamentos profissionais
      Em todos os seus relacionamentos na área da religião, da diversão e da comunidade.

As suas duas perguntas mais essenciais

Em todos os momentos importantes da sua vida, seria proveitoso você fazer a si mesmo duas perguntas fundamentais.

1. Eu realmente, de fato, gosto de mim mesmo?
2. Eu me vejo como uma pessoa capaz e considero o que estou fazendo algo que vale a pena?

Como os capítulos posteriores se concentram na segunda pergunta, vamos tratar da primeira: "Eu realmente, de fato, gosto de mim mesmo?"

Antes de dar uma resposta rápida, ou seja, que é claro que você gosta de si mesmo, você deve examinar alguns fatos.

Os Orientadores Profissionais nos Dizem que:
- Quase todas as pessoas respondem rápido que gostam de si mesmas, mas descobrem, depois de um exame mais atento, que na realidade não gostam de si mesmas.
- Muitas pessoas que começam gostando de si mesmas pouco a pouco perdem a autoestima.
- Quase todas as pessoas têm pelo menos uma área da sua vida na qual não gostam de si mesmas, e essa aversão afeta toda a vida delas.
- Muitas forças na nossa sociedade conspiram contra a nossa autoimagem.
- Um sem-número de pesquisas demonstrou que quando temos uma autoestima elevada, o nosso sucesso está garantido.

Existe um número cada vez maior de evidências de que a pessoa que funciona plenamente pode ser distinguida daquela que anda aos tropeços pela vida por meio de uma diferença crucial: a autoestima. Na realidade, a energia interior da autoestima ou impele a pessoa em direção ao sucesso e à felicidade, ou a arrasta para baixo em direção ao fracasso como ser humano.

Examine Estes Dois Pontos Decisivos:
1. Se você tem uma autoestima elevada, você nada tem a perder, e muito a ganhar se incrementar ainda mais a sua autoimagem.
2. Se você tem uma baixa autoestima, você pode incrementar as suas chances de sucesso e felicidade pessoal tornando-se mais valioso aos seus próprios olhos.

O QUE É UMA AUTOIMAGEM POSITIVA ADEQUADA?

É fácil apontar para os vagabundos dos bairros pobres das grandes cidades, para as pessoas cronicamente deprimidas nos hospitais psiquiátricos, para os viciados incorrigíveis e para o sem-número de pessoas que estão atrás das grades. É óbvio que essas pessoas têm uma imagem medíocre de si mesmas. Porém, não é tão fácil determinar que pessoas do nosso dia a dia estão motivadas por intensos sentimentos a respeito do seu próprio valor. Mais difícil ainda é olhar dentro de nós mesmos e verificar como nos sentimos.

Uma autoimagem positiva adequada não é:

1. Um Egoísmo Egocêntrico! Alguém disse certa vez que "O menor pacote do mundo é a pessoa enclausurada em si mesma". Na realidade, se alguém deseja uma fórmula para se tornar miserável, o primeiro componente é *pensar exclusivamente em si*. As pessoas que só pensam em si mesmas, e no que desejam, têm dificuldade de se sentir felizes com qualquer coisa que consigam. É praticamente impossível para elas obter a cooperação de outras pessoas que são fundamentais para o seu sucesso. Quase todos os seus relacionamentos pessoais são frustrantes e decepcionantes. A depressão mental é o estado constante daqueles que se julgam as pessoas mais importantes do mundo. A suprema expressão do egocentrismo é a solidão e o desespero que impelem a pessoa para o suicídio. Mostrem-me uma pessoa egocêntrica e eu mostrarei uma pessoa motivada por uma autoimagem medíocre e negativa!

2. Comodismo e Presunção! Podemos apostar o último tostão: a pessoa que adeja de emprego em emprego e de relacionamento em relacionamento não está disposta a correr nenhum risco. Todo relacionamento humano envolve o risco, e aqueles que têm uma sólida autoimagem positiva estão dispostos a correr o risco de se machucar ou fracassar nas suas tentativas de tentar ser tudo o que podem ser.

3. Sentir Desprezo pelos Outros! As pessoas com uma sólida autoimagem positiva não olham com desdém para aquelas que não têm as mesmas vantagens que ela, ou que não alcançam o mesmo *status* e reconhecimento dela. Um dos mais antigos erros das pessoas com uma baixa autoestima é a convicção de que elas podem subir passando por cima dos outros.

Uma autoimagem positiva adequada é:

1. Aceitar a Si Mesmo como a Pessoa que Você é! O comediante Flip Wilson ficou famoso em grande medida por causa do seu personagem, Geraldine, que estava sempre dizendo: "O que você vê é o que você recebe!". Era engraçado quando Geraldine proferia essa frase, mas não é uma má atitude para ninguém.

A total e incondicional aceitação de si mesmo é o primeiro passo na construção de uma autoimagem positiva. Todos temos características que não apreciamos em nós mesmos, coisas a respeito das quais nada podemos fazer. Podemos achar o nosso nariz muito comprido, os nossos olhos excessivamente próximos, ou nos considerar baixos ou altos demais.

Por que se sentir inferior porque não se é perfeito? Ninguém é completamente ideal, então por que alguém deveria tentar sê-lo? "Ninguém é perfeito... Mas algumas partes minhas são excelentes", estava escrito na camiseta de uma jovem bem-configurada. A ideia que essa frase expressa fornece uma boa base para nos aceitarmos. Aposto como partes suas são de fato excelentes! Quando nos concentramos nos elementos de peso da nossa personalidade, do nosso corpo e das nossas atitudes, temos a base para construir uma autoimagem positiva. Aceite a si mesmo como a pessoa especial e maravilhosa que você é, e prossiga a partir daí.

2. Nutrir Sentimentos Calorosos e Tolerantes pelas Outras Pessoas! As pessoas que se sentem bem com relação a si mesmas percebem que se comparar com os outros é uma proposição ruim. É um sinal de maturidade permitir que Deus seja tão original com as outras pessoas quanto Ele é conosco. Quando nos aceitamos totalmente, somos livres para aceitar os outros. Na realidade, uma das pistas mais seguras para a personalidade insegura é a desconfiança, ou antipatia generalizada, pelas outras pessoas.

3. A Disposição de Correr Riscos! Alguém observou que a lagosta precisa largar a sua casca e criar uma nova para poder crescer. O processo do crescimento e do aprendizado sempre envolve riscos. A pessoa disposta a formar novos relacionamentos, ou aprofundar os existentes, corre o risco de se machucar. Um novo emprego, local ou situação podem conter muitos perigos para a nossa felicidade e realização, mas a pessoa positiva está disposta a avaliar mais decisivamente os possíveis ganhos. As que possuem uma sólida autoimagem compreendem que a única maneira que têm de não cometer erros é não fazer nada — e esse é o maior erro de todos!

4. Descobrir Maneiras Positivas de Expressar a sua Individualidade! Certa vez vi um cartaz que dizia: "Seja quem você é, porque quando você não é quem você é, você é quem você não é!". Recentemente, em uma viagem à Grécia, um professor me falou de um deus da Antiguidade, Prometeu, que era tão trapaceiro que conseguia se transformar em qualquer pessoa que quisesse. Ele se transformava em tantas pessoas diferentes que, com o tempo, acabou se esquecendo de quem era. As pessoas que aceitam a si mesmas não estão preocupadas com o que os outros pensam a respeito delas. Estão dispostas a expressar as características e os sentimentos interiores que lhes conferem o seu caráter único, sem dar uma atenção excessiva ao que os outros pensam. As pessoas com uma autoimagem sólida e positiva sentem-se satisfeitas em ser elas mesmas, independentemente do que qualquer outra pessoa possa pensar a seu respeito.

5. Ter Autoconfiança e Autodeterminação! As pessoas que se sentem bem com relação a si mesmas percebem que não podem pôr a culpa dos seus problemas ou deficiências em nenhuma pessoa, circunstância ou sistema. Elas procuram dentro de si mesmas as respostas para como as coisas aconteceram de uma certa maneira e como podem ser alteradas para melhor. Ninguém as encontrará corrigindo a culpa. Serão encontradas recorrendo aos seus recursos interiores para descobrir soluções. Elas aceitarão ajuda de bom grado, mas estão muito mais interessadas em oferecê-la. É mais provável que as encontremos sendo livres do que falando a respeito da liberdade.

A AUTOESTIMA FAZ A VIDA VALER A PENA SER VIVIDA, AGORA

"A maioria das pessoas é tão feliz quanto decide ser", declarou Abraham Lincoln. A minha observação das pessoas faz com que eu considere essa declaração verdadeira. No entanto, eu gostaria de levá-la um pouco mais adiante, acrescentando que a maioria das pessoas também é tão bem-sucedida quanto decide ser.

Supere o conflito clássico

A luta entre o sucesso e a felicidade é uma noção tão popular que se tornou um enredo clássico de histórias, peças e filmes. Estou certo de que todo mundo os conhece!

Eles Ostentam Temas Como:
O executivo durão que perde a família enquanto busca o sucesso
A atriz ou dançarina que escolhe a carreira em detrimento do amor
A mãe que está dividida entre a carreira e os filhos
A pessoa aposentada que perde a razão de viver.

Na luta clássica, pode-se ter uma coisa ou outra — o sucesso ou a felicidade pessoal.

Existe, porém, uma maneira pela qual alguém pode superar o conflito clássico! É a seguinte: *Escrever a felicidade pessoal em todos os planos de sucesso!* É possível perceber o que eu quero dizer na seguinte definição de sucesso:

> O sucesso envolve encontrar e fazer da melhor forma possível, em cada momento da vida, o que você mais gosta de fazer, o que você consegue fazer melhor e aquilo que encerra a maior possibilidade de proporcionar os recursos que lhe permitam viver como você gostaria na relação consigo mesmo e com todas as pessoas que preza.

A vida é curta demais para que nos conformemos com o segundo lugar na carreira, na vida pessoal ou em qualquer um dos nossos relacionamentos importantes. Qualquer meta que não leve em consideração essas três áreas não merece empenho.

Alguém disse que a vida de qualidade contém três componentes: o aprendizado, o rendimento e a aspiração. Venho me convencendo de que a maturidade é o bom equilíbrio bem-sucedido desses três elementos.

Supere os mitos clássicos

Um dos mitos clássicos é que a pessoa irá "encontrar" a felicidade em uma época futura — um momento mágico — e geralmente em um lugar distante. No entanto, como afirmou o famoso psiquiatra Victor Frankl: "A busca da felicidade é autodestrutiva". Aqueles que passam a vida em busca de significado, propósito e sólidos relacionamentos pessoais constatam que a felicidade em geral se aproxima deles como um subproduto dessas três coisas.

A felicidade é um estado de espírito e de coração que se expande de dentro para fora e não ao contrário. A única maneira de encontrar circunstâncias e relacionamentos que farão uma pessoa feliz é a decisão de ser feliz, sejam quais forem as circunstâncias ou os problemas nos relacionamentos.

As vítimas desse mito estão de tal modo insatisfeitas devido às experiências do passado, e tão ansiosas com relação ao futuro, que não há nada compensador no momento presente. Alguém certa vez expressou esse sentimento da seguinte maneira: "Não importa onde eu esteja, sempre tenho a sensação de que a razão pela qual estou ali é ir para outro lugar". A palavra popular para esse sentimento é *tédio*, e ele está tão difundido que o National Institute of Mental Health considerou-o "epidêmico".

Embora o tédio com relação ao momento presente seja difundido, ele não é novo. Séculos atrás, Goethe escreveu a respeito de um homem que trocou a alma por um instante de tempo que seria tão agradável que ele o convidaria a "se demorar". Esse homem se revelou um grande idiota! Não apenas perdeu a alma, segundo a história, como fez um trato que nenhum de nós tem necessidade de fazer.

É possível superar o mito do "momento mágico do futuro" por meio de uma técnica muito simples. Aprenda a receber cada momento, como ele vier, como uma dádiva especial e exclusiva de Deus. Celebre esse momento especial, desfrute-o e use-o para moldar o futuro. Lembre-se de que o passado foi embora para sempre, e só é possível influenciar o futuro por meio das suas ações no presente. Aprenda, portanto, a apreciar cada momento que chega, e a deixar o passado e o futuro nas mãos de um Deus amoroso.

Outro mito clássico é que conseguir um cargo importante, fazer uma descoberta, praticar uma ação de destaque ou ser presenteado com alguma coisa fará da pessoa um sucesso. À semelhança de Willy Loman na peça de Arthur Miller, "The Death of a Salesman",* algumas pessoas que acreditam nesse mito o conduzem a consequências ridículas e trágicas. O pobre Willy estava sempre prestes a fazer uma "venda excepcional", levar a fortuna para casa e obter o reconhecimento que realmente merecia. Por fim, tudo o que ele pôde esperar foi que a sua família percebesse o sucesso que ele alcançara quando um sem-número de pessoas fossem ao seu enterro. Lamentavelmente, as únicas pessoas que apareceram para se despedir de Will nessa hora final foram aquelas que o haviam amado e aceitado como ele era.

A única maneira de vencer o "mito do grande sucesso" é tirar o máximo proveito de cada momento disponível. A venda importante é aquela que

---

* A Morte do Caixeiro Viajante. (N. da T.)

estamos tentando realizar agora! A grande oportunidade é a que está se apresentando agora! A opção ideal de emprego é fazer o melhor que pudermos com aquele que se tem no momento! Jesus ensinou que aqueles que se saem bem com o que receberam receberão ainda mais. O sucesso chega para a maioria das pessoas como uma série de pequenos êxitos, não como um evento espetacular. Ninguém vai entregar o sucesso ou a felicidade em uma bandeja de prata. O sucesso raramente chega rápido e quase nunca com facilidade. A maioria das pessoas perde as melhores oportunidades na vida porque estas se apresentam disfarçadas de um trabalho árduo.

Capítulo

5

Como desenvolver uma autoimagem sólida e positiva

Os pais, o ambiente, as outras pessoas e os eventos da vida influenciam intensamente a maneira como nos vemos. Entretanto, em última análise, nenhuma combinação de eventos e circunstâncias consegue determinar a imagem que temos de nós mesmos. O que molda a nossa autoimagem não é tanto o que acontece *a nós,* e sim o que acontece *dentro de nós.* Neste capítulo, trataremos de como moldar uma autoimagem sólida e positiva.

Uma autoimagem positiva confere o caráter necessário para que enfrentemos quaisquer obstáculos no caminho. Com uma autoestima elevada, conseguimos lidar com a maioria das situações desanimadoras e desalentadoras com fé, esperança e coragem.

É simples! Se você gostar de si mesmo, acreditar em si mesmo e confiar em Deus, você pode ser ao mesmo tempo bem-sucedido e feliz. Pode caminhar em direção à vida e se tornar tudo o que foi criado para ser.

Assim sendo, como desenvolver uma autoestima saudável e positiva? Eis algumas sugestões que constatei serem proveitosas. Não são ideias minhas; eu as colhi de algumas das maiores mentes que o mundo já conheceu.

PRIMEIRA SUGESTÃO
Comece com a certeza absoluta de que Deus o ama!

Aqueles que baseiam a sua vida na convicção de que um Deus amoroso está agindo em seu benefício tendem a encarar os problemas como oportunidades de crescimento. Certo psiquiatra observou que Jesus tinha o "sistema de ego mais bem organizado da história mundial" porque este estava estruturado em torno de um profundo relacionamento pessoal com o Seu Pai. Como resultado, os guardas armados, e não o prisioneiro, tombaram naquela noite fatídica no Getsêmani.

"Cada um de nós contém um vácuo com a forma de Deus", declarou Blaise Pascal. Somos nós que escolhemos a maneira como vamos preencher esse vácuo, mas notei duas coisas importantes a respeito da maneira como as pessoas se relacionam com isso: a primeira é que aquelas que procuram satisfazer os seus anseios interiores com a agitação, as suas realizações pessoais e o reconhecimento parecem lutar com a vida como se esta fosse um inimigo a ser conquistado. A segunda é que as pessoas que colocam Deus no centro da vida parecem encontrar a alegria, a esperança e a paz de espírito que possibilitam que elas fluam com a vida e a encarem como uma amiga que acolhem com prazer. Em resumo, a intensa conscientização de que se é amado por Deus confere a base mais sólida para o desenvolvimento da autoestima.

SEGUNDA SUGESTÃO
Aceite total e incondicionalmente a si mesmo a partir de agora!

O que importa não é tanto a maneira como viemos a ser da maneira como somos agora e sim o que fazemos com a pessoa que nos tornamos. Não é nem um pouco proveitoso culpar os pais, a maneira como a sociedade nos tratou, as limitações físicas ou mentais ou qualquer outra coisa pelo que não gostamos em nós mesmos.

> *As Verdadeiras Questões São:*
> Quem é você?
>   O que você vai fazer consigo mesmo?

O ponto de partida para desenvolver uma sólida autoestima é este exato momento! Aceite a si mesmo e siga em frente a partir daí! Depois de completar o Exercício 5-1, você estará pronto para avançar para a etapa seguinte.

Se você está realmente empenhado em ser ao mesmo tempo feliz e bem-sucedido, faça já o seguinte exercício:
1. Crie uma lista contendo pelo menos dez atributos positivos que você possua. Seja generoso, porém sincero, ao relacionar as coisas que você gosta em si mesmo. Quando a lista estiver completa, redija um breve texto expressando a sua gratidão a Deus, às pessoas que o ajudaram e a si mesmo pelas coisas belas que vê em si mesmo.
2. Faça uma lista (de qualquer tamanho) das coisas de que não gosta em si mesmo. Uma vez mais, seja sincero. Faça uma marca ao lado das coisas que você sente que pode mudar. Escreva dois breves parágrafos. Um deles é um discurso de aceitação, no qual você reconhece as coisas de que não gosta mas não pode mudar; no outro, você assume o compromisso de mudar tudo o que for possível.
3. Redija um breve perfil de personalidade descrevendo a pessoa que identificou como sendo você mesmo. Dedique uma total atenção tanto aos seus pontos fortes quanto às suas limitações.
4. Escreva um pequeno texto aceitando a dádiva de ser quem você é.

Exercício 5-1. Autoaceitação

TERCEIRA SUGESTÃO
Pare de dizer coisas ruins e feias a seu respeito

Ninguém gosta muito quando alguém o menospreza, não é mesmo? Ninguém aprecia particularmente os comentários negativos quando eles são falsos, ou apenas parcialmente verdadeiros, certo?

Entretanto, uma única palavra de *autocrítica* destrutiva causa um dano cerca de dez vezes maior à sua autoestima do que um comentário crítico feito por *outra pessoa!* As pessoas que proferem continuamente coisas ruins a respeito de si mesmas, acabam acreditando no que dizem, e quando começam a fazer isso passam a agir em função dessas convicções. Elas se tornam as pessoas fracassadas que disseram a si mesmas que são.

Este fenômeno, porém, tem outro lado! Quando as pessoas inserem na própria mente ideias e avaliações positivas a respeito de si mesmas, começam a acreditar nessas coisas. Elas se tornam as pessoas estimulantes que disseram a si mesmas que são. A autoestima pode se desenvolver a partir das avaliações positivas, dos elogios que fazemos a nós mesmos.

Não podemos deixar de dar atenção a todas as críticas que fazemos ou que outras pessoas fazem. Se uma pessoa não tomou banho durante uma semana e consegue sentir o mau cheiro do corpo, não fazer caso do próprio olfato e dos prendedores de roupa no nariz dos amigos é uma atitude idiota! Devemos aprender a avaliar a crítica como destrutiva ou construtiva. Quando você ou outra pessoa fizer um comentário negativo, decida se você pode, e/ou deve, fazer alguma coisa a respeito disso.

Não devemos criar o hábito de nos desvalorizar devido a críticas inadequadas ou exageradas. Devemos adquirir o hábito de dizer aos próprios botões coisas agradáveis. Assim, gostaremos mais de nós mesmos.

QUARTA SUGESTÃO
Comece a trabalhar as coisas que você precisa, e pode, mudar!

Você se lembra das marcas que fez ao lado das coisas de que não gostava a respeito de si mesmo mas que poderia mudar? Ponha-se em campo para modificá-las.

Além disso, eis uma lista de coisas que farão com que você goste muito mais de si mesmo se forem eliminadas:

- *Elimine toda mesquinhez e espírito de vingança!* Essas tendências são como ervas daninhas em um jardim: não é preciso estudar de onde elas vêm ou de como elas crescem; devemos simplesmente arrancá-las pela raiz e nos livrarmos delas. Devemos ter como prática regular a decisão sobre se vale a pena nos aborrecer por causa disso ou daquilo. Certa vez perguntaram a Disraeli como ele pôde nomear um dos seus críticos mais renitentes para um cargo elevado, e ele respondeu: "Nunca me dou ao trabalho de me vingar!". A filosofia de Abraham Lincoln era a seguinte: "Jamais permitirei que algum homem reduza a minha alma ao nível do ódio". O ressentimento é como um tumor: ele só pode viver e crescer quando o estamos alimentando!

- *Declare guerra à desonestidade!* As pessoas com uma baixa autoestima recorrem a mentiras para fortalecer a sua imagem. No entanto, as mentiras têm o efeito oposto: elas baixam a autoestima, quer sejam detectadas ou não! Mentir e enganar são hábitos detestáveis que nos privam de dignidade. Curiosamente, o oposto é verdadeiro. A integridade gera uma autoestima elevada, além de trazer muitos amigos.

- *Faça com que os hábitos funcionem a seu favor e não contra você!* Um hábito nada mais é do que uma ação que se tornou automática. Qualquer coisa que façamos com alguma frequência acaba se tornando um hábito. Podemos escolher os nossos hábitos como escolhemos a comida — com resultados semelhantes. Assim como o nosso corpo se torna o que comemos, a nossa mente e as nossas emoções se tornam o produto dos hábitos que desenvolvemos.

QUINTA SUGESTÃO
Aprenda a aceitar as outras pessoas como elas são e ter por elas uma elevada consideração

Earl Nightingale acertou em cheio quando declarou que 85% das pessoas demitidas do emprego são mandadas embora porque não conseguem ter um bom relacionamento com os outros. O "bom relacionamento" requer intensamente que aceitemos as pessoas como elas são. A maior fonte de conflito é uma pessoa, ou um grupo, impor valores e expectativas a outra pessoa ou grupo. Helen Keller declarou com sabedoria: "A tolerância é o primeiro princípio da comunidade; é o espírito que conserva o melhor que os homens pensam". Perdoar os defeitos dos outros e sentir um grande entusiasmo pelo sucesso e pelas qualidades positivas deles é um verdadeiro sinal de maturidade.

O segredo do seu sucesso, praticamente em qualquer área, é ser sensível o bastante para compreender o que os outros querem e generoso o suficiente para ajudá-los a conseguir isso. Se alguém ajudar outras pessoas a ter sucesso na realização dos sonhos delas, poderá realizar os próprios sonhos e fará muitos amigos ao longo desse percurso. Por outro lado, se uma pessoa deseja uma fórmula para o fracasso e a angústia pessoal, nada melhor do que isto: agradar a todo mundo, e esperar que todo mundo tente agradá-la.

Corrigir a culpa nunca é importante, e corrigir o relacionamento nunca é desprovido de importância. Devemos aceitar o fato de que todas as pessoas, em todas as situações, têm pontos fortes e fracos, exatamente como nós, e devemos seguir adiante a partir disso. "Faça aos outros o que você gostaria que eles lhe fizessem" ainda é a melhor base para construir bons relacionamentos.

SEXTA SUGESTÃO
Adote uma atitude mental positiva e busque a companhia de pessoas positivas!

Existem dois tipos de pessoas no mundo: as positivas e as negativas. As pessoas otimistas, positivas, saltam da cama de manhã e dizem: "Bom dia, Senhor!" As pessoas pessimistas, negativas, puxam a coberta sobre a cabeça e gemem: "Meu Deus, já é de manhã!" Que tipo de pessoa você é?

Quer sejamos otimistas ou pessimistas, a escolha de como seremos no futuro é exclusivamente nossa. Se alguém só se sente feliz quando está aflito e angustiado, pode permanecer dessa maneira. Se deseja se sentir alegre, entusiasmado e animado com relação à vida, isso é possível, independentemente das circunstâncias.

A primeira regra para o desenvolvimento de uma atitude mental positiva é a seguinte: *aja de uma maneira positiva, e você se tornará uma pessoa positiva!* É bem mais fácil agir de uma maneira positiva para ter pensamentos positivos do que tentar pensar primeiro de uma maneira positiva para depois agir de um modo positivo.

A segunda regra para desenvolver e manter uma atitude mental positiva é *procurar entrar em contato com pessoas que tenham uma atitude mental positiva e passar a maior parte do seu tempo ao lado delas!* As pessoas realmente têm o poder de afetar o nosso ponto de vista. Por exemplo, certa vez um homem estava prestes a pular de uma ponte e cometer suicídio. Outro homem apareceu, e os dois se sentaram para conversar. Mais ou menos uma hora depois, ambos saltaram da ponte.

Na realidade, muitas pessoas conspiram para nos conferir uma perspectiva negativa da vida. A natureza dos noticiários é tal que escutamos muito mais coisas ruins do que boas. Sempre ouvimos as notícias sobre os desastres de avião e não a respeito dos milhares de aeronaves que aterrissam em segurança todos os dias. Até mesmo a previsão do tempo nos informa que há uma chance de 10% de chuva, em vez de uma probabilidade de 90% de um dia ensolarado!

Quando passamos um tempo ao lado de pessoas bem-sucedidas, de pessoas positivas, elas reforçam as nossas atitudes positivas a respeito da vida. Aquelas que sentem respeito por si mesmas e pela própria capacidade nos ajudam a nos sentir bem a respeito de nós mesmos e das nossas aptidões. Assim sendo, se a "miséria adora companhia", deixe que os outros a desfrutem! Passe o seu tempo com pessoas capazes de inspirá-lo e para quem você possa igualmente servir de inspiração.

SÉTIMA SUGESTÃO
Esclareça os seus valores e permaneça atento a eles!

As pessoas felizes e bem-sucedidas aprendem a valorizar as pessoas e a usar as coisas. Aquelas que estão procurando algo que possa fazê-las felizes, de alguma maneira parecem nunca conseguir encontrar o que querem. No entanto, aquelas que descobrem uma maneira de ser felizes enquanto procuram alguma coisa são duplamente favorecidas. Não apenas em geral são felizes enquanto procuram, mas também normalmente encontram o que estão procurando. "Só avança na vida aquele cujo coração está ficando mais tolerante, o sangue mais quente, o cérebro mais ágil e o espírito está ingressando na paz vital", declarou John Ruskin.

A maneira como os hebreus interpretam os ídolos e a idolatria ajuda a esclarecer a nossa perspectiva pessoal. Os antigos hebreus usavam os termos "ídolo" e "idolatria" para simbolizar valores equivocados. Para eles, o ídolo era um impostor, alguém que estava tentando se fazer passar como a "coisa verdadeira". Idolatria era se deixar seduzir pelo impostor. Quando "idolatramos" uma imagem irrealista de nós mesmos, não podemos de jeito nenhum gostar da pessoa que realmente somos e nem ser felizes com ela. Analogamente, quando talhamos um nicho para nós no futuro que imaginamos, e chegamos à conclusão que só seremos felizes quando o alcançarmos, nós nos sentimos ameaçados e ansiosos diante de qualquer coisa que se coloque no nosso caminho.

Enquanto você procurar manter uma autoimagem positiva, lembre-se da seguinte regra: *você e as pessoas que você ama são importantes. As suas metas e ações são a única maneira pela qual você expressa os seus valores, e as coisas que você acumula ao longo do caminho são os acréscimos da vida.*

OITAVA SUGESTÃO
Seja autossuficiente, porém prestativo

As pessoas que têm uma sólida autoestima são aquelas que aprenderam a ser independentes. Elas estão dispostas a deixar passar o divertimento momentâneo e escolher um rumo que seja compensador a longo prazo. Todos ansiamos por ser livres, e a nossa melhor chance de permanecer livres é por intermédio da autossuficiência. Alguém disse certa vez: "Quem paga o rabequista, escolhe as músicas". Somente quando somos autossuficientes é que podemos manter a dignidade e conservar abertas as nossas opções mais amplas. Ninguém poderia expressar melhor essa ideia do que Ralph Waldo Emerson quando escreveu estas linhas:

> Há um momento na educação de qualquer homem no qual ele chega à conclusão de que a inveja é ignorância; que a imitação é suicídio; que ele precisa aceitar, para o bem ou para o mal, a parte que lhe coube; que embora o universo esteja repleto do que é bom, nenhum grão nutritivo de milho chegará a ele

senão por meio da sua labuta aplicada ao pedaço de terra que lhe foi concedido para cultivar. O poder que reside nele é novo na natureza, e somente ele sabe o que pode fazer, e só o saberá quando tentar.

Ao mesmo tempo, as pessoas com uma autoimagem positiva tendem a ser genuinamente prestativas. Na realidade, as duas tendências se harmonizam de tal maneira que é difícil dizer qual delas produz a outra. Provavelmente é um pouco das duas coisas. Aqueles que se sentem bem com relação a si mesmos anseiam por ajudar os outros a se sentir bem a respeito deles mesmos. Apenas as pessoas inseguras e assustadas, aquelas com uma baixa autoestima, encaram a vida com uma atitude que diz: "Cada um por si!" Lamentavelmente, elas só conseguem encontrar mais insegurança e reduzir ainda mais a sua autoestima.

Há dois mares na Terra Santa. O mar da Galileia recebe água doce de um riacho, utiliza-a para produzir uma grande variedade de vegetação marinha e depois a entrega ao rio Jordão. Este, por sua vez, espalha a vida pelo deserto e o transforma em uma planície fértil. Enquanto o mar da Galileia está repleto de vida, o mar Morto é exatamente o que o seu nome expressa — um mar morto. A sua água é tão saturada de sal que é incapaz de sustentar a vida. Por quê? Porque ele recebe a água do rio Jordão e se agarra a ela. O mar Morto não tem um escoadouro.

Essa é uma imagem perfeita das diferenças entre as pessoas. Aquelas que "agarram tudo que podem e podem tudo que agarram" tendem a se tornar egocêntricas e receosas de que alguém irá roubá-las. Mas aquelas que se doam livremente, em geral acabam tendo mais do que conseguem dar. Robert Louis Stevenson expressou essa ideia da seguinte maneira:

> Ser rico em admiração e livre da inveja, exultar com o bem dos outros, amar com tal generosidade de coração que o seu amor continua a ser um bem querido na ausência ou na indelicadeza — essas são as dádivas da fortuna que o dinheiro não pode comprar e sem as quais o dinheiro nada pode comprar. Aquele que possuir esse tesouro de riquezas, sendo ele próprio feliz e valente, na sua natureza, desfrutará o universo como se ele fosse propriedade sua; e ajudará o homem a quem ele auxilia a desfrutá-lo consigo.

NONA SUGESTÃO
Cultive um intenso sentimento de gratidão!

Alguém disse certa vez que a maior piada do mundo é a pessoa "que se fez por si mesma". Essa pessoa não existe. Igualmente, a maior tragédia do mundo é a pessoa que afirma com arrogância que "Ninguém jamais me deu coisa alguma!" Quer essa pessoa seja rica ou pobre em termos materiais, ela está sofrendo de pobreza da alma.

Nos primeiros dias da minha carreira de palestrante, em uma ocasião em que eu estava me sentindo particularmente orgulhoso das minhas realizações, vivenciei um acontecimento que fez com que eu me sentisse extremamente humilde. Eu estava em Albany, na Geórgia, e ia dar uma palestra para um grupo de pessoas muito bem-sucedidas. Era um momento muito importante para um jovem que alguns anos antes nem mesmo falava inglês!

Na manhã da palestra, levantei-me cedo, encaminhei-me animado para a janela a fim de saudar o dia e abri a boca para dizer a minha frase habitual: "Bom dia, Senhor!" Mas não ouvi nenhum som. Tentei novamente, mas continuei sem conseguir falar! Bem, um palestrante com laringite é tão inútil quanto uma centopeia com patas doloridas! Em pânico, perguntei aos meus botões o que eu poderia fazer.

Enquanto permanecia sentado na beira da cama tentando falar em um tom acima de um sussurro, algo bem mais profundo começou a se tornar claro. Eu aceitara tantas coisas como um fato consumado! De repente, dei comigo de joelhos, sussurrando uma prece de agradecimento a Deus pelas inúmeras coisas que ele me dera! Aprendi que, às vezes, temos que perder uma coisa para poder entender de onde ela vem. A minha voz logo voltou, acompanhada de uma nova percepção de quanto eu tenho recebido de um Deus amoroso.

As pessoas com uma sólida autoestima positiva sentem-se verdadeiramente humildes quando compreendem quanto Deus lhes concedeu. Ficam assombradas com a contribuição que outros fizeram à sua vida. O bispo Gerald Kennedy disse o seguinte:

> Quanto mais notável é o homem, mais humilde ele é, pois se recorda da fé, do sonho e da esperança que tornaram a sua vida possível. Se qualquer homem se

sentir tentado a ter orgulho das suas próprias realizações, lembre a ele tudo o que ele recebeu de todas as pessoas do passado. Foi a fé que elas sentiam que definiu o rumo de suas vidas, e o melhor que ele pode se esforçar para conseguir é se tornar a realização da fé que elas tinham.

No entanto, a gratidão não surge automaticamente; ela precisa ser cultivada. Muitas pessoas nunca chegam realmente a senti-la ou expressá-la. Quando o *Lady Elgin*, por exemplo, colidiu com uma barcaça que transportava madeira serrada e afundou em uma noite de tempestade em 1860, 393 pessoas ficaram abandonadas nas águas do lago Michigan. No total, 279 se afogaram. Edward Spencer, estudante universitário, mergulhou várias vezes na água para salvar pessoas. Depois de retirar 17 delas da água, foi dominado pela exaustão e sofreu um colapso, sem nunca mais conseguir se levantar. Viveu o resto da vida preso a uma cadeira de rodas. Anos depois, alguém lhe perguntou qual era a lembrança mais intensa que ele tinha daquela noite fatídica. "O fato de nenhuma das 17 pessoas ter se dado ao trabalho de me procurar para agradecer", foi a sua resposta, de acordo com um jornal de Chicago. É inconcebível imaginar que ninguém se deu ao trabalho de agradecer, nem mesmo pela própria vida.

Talvez a gratidão não surja com facilidade para a maioria das pessoas porque concentrar a atenção no que queremos, ou precisamos, é mais fácil do que reconhecer o que recebemos. Se você deseja construir e manter uma sólida autoimagem positiva, desenvolva um dinâmico sentimento de gratidão.

DÉCIMA SUGESTÃO
Cultive sólidos relacionamentos!

É claro que todo mundo deveria ser agradável e de fácil trato em todos os contatos com as pessoas. Estas nos olham com bons olhos quando as tratamos com dignidade, respeito e consideração. No entanto, a questão é muito mais profunda. Uma pessoa bem-sucedida pode ter milhares de conhecidos, mas apenas um número reduzido de amigos.

Os verdadeiros amigos podem fazer maravilhas pela sua autoestima! "Amigo é a pessoa que sabe tudo a nosso respeito e gosta da gente mesmo assim", declarou alguém com sabedoria. Os amigos são as pessoas que o dr. Paul Tournier chama de "os outros importantes". Eles realmente se alegram quando estamos felizes e ficam ao nosso lado nos momentos difíceis.

A vida às vezes pode nos esmagar com uma fúria brutal, e com frequência, nesses momentos, a única coisa que nos leva a querer seguir em frente é saber que alguém realmente se importa conosco. Esses amigos podem ser membros da família ou alguns companheiros bem escolhidos, mas nas horas de profunda angústia, eles curiosamente parecem anjos de misericórdia.

Assim como a gratidão, as amizades não surgem de modo automático. Elas são uma consequência do fato de nos doarmos àqueles que amamos. Um antigo e sábio provérbio diz o seguinte: "Para ter um amigo, você precisa ser um amigo". Nenhum investimento jamais paga maiores dividendos, ao longo de um maior número de anos, do que os investimentos que fazemos ao cultivar companheiros inestimáveis. Analogamente, todos os seus esforços para conseguir fama e fortuna são, em última análise, inúteis se não tivermos alguém com quem compartilhar as vitórias. Independentemente de todas as outras coisas que você possa fazer para desenvolver a autoestima, cultive amizades.

UMA BREVE RECAPITULAÇÃO

- As pessoas não nascem vencedoras; elas se tornam assim. A principal diferença entre vencedores e perdedores é a atitude. Os vencedores criam as suas metas, mas os perdedores arranjam desculpas.
- Uma das partes mais importantes de uma atitude vencedora é uma sólida autoimagem positiva, a firme convicção de que temos valor como pessoa simplesmente porque existimos. Como disse certa vez alguém: "Existo, logo sou importante!"
- A nossa autoimagem é a maneira como vivenciamos a nós mesmos. Quando fazemos isso de uma maneira positiva, temos uma elevada

autoestima. Para você ser bem-sucedido e desfrutar o sucesso que alcançar, precisa gostar de si mesmo. Precisa acreditar em nível bastante profundo que é amado e digno de ser amado. E precisa estar disposto a correr o risco de amar os outros.

Capítulo

6

Acho que posso, sei que posso... fiz!

Uma mulher entrou no meu escritório certo dia e disse: "Nido, alguém me disse que você poderia me ajudar. Conversei com muitas pessoas a respeito do meu problema, e ninguém foi capaz de me ajudar", prosseguiu ela.

"Bem", retruquei com cautela. "Qual é o problema para o qual você acha que pode contar com a minha ajuda?"

"Todo mundo me odeia", respondeu ela. "O meu marido me odeia, os meus filhos me odeiam, os meus colegas de trabalho me odeiam... até mesmo o ministro da minha igreja me odeia!"

Depois de ouvir essa mulher durante uma hora, 22 minutos e 17 segundos — *eu a estava odiando!*

É claro que eu na verdade não senti "ódio" dela, mas consegui entender por que as pessoas tinham dificuldade de gostar dela. Ela não oferecia muita coisa que pudesse ser apreciada! A sua baixa autoestima se refletia na maneira como ela constantemente se menosprezava. Exibia uma falta de autoconfiança quase total. Se você quer que a vida dê certo para você, precisa fazer duas coisas:

- Primeiro, precisa aceitar a si mesmo como uma pessoa valiosa criada à imagem de Deus. Você tem que gostar de si mesmo!
- Segundo, precisa vender o seu peixe para as outras pessoas! E você começa a fazer isso acreditando em si mesmo e nas suas aptidões — *sendo autoconfiante!*

AUTOCONFIANÇA

A personalidade tem dois lados: a maneira como os outros nos afetam e o modo como afetamos os outros. A maneira como permitimos que as outras pessoas nos afetem influencia enormemente a nossa paz de espírito, a nossa felicidade pessoal e a capacidade de fazer coisas importantes. Conversamos muito a respeito desse assunto no capítulo sobre a autoestima, mas você se deu conta de que o seu sucesso na vida depende, em grande medida, da maneira como você afeta as outras pessoas? "Uma pessoa só é bem-sucedida quando muitas outras desejam o sucesso dela", é o que diz um velho e sábio ditado.

O que queremos dizer quando afirmamos que alguém é "eficaz"? Em geral queremos dizer que a pessoa é capaz de levar outras a fazer coisas. Um profissional de vendas competente pode levar as pessoas a comprar. Um ministro da igreja eficaz pode influenciar as pessoas de maneira a que encontrem significado na vida por intermédio de um relacionamento com Deus. Um supervisor eficaz pode levar as pessoas a alcançar as metas que a gerência definiu.

Entretanto, a eficácia pessoal envolve outras coisas além de ser apreciado pelos outros (embora em geral isso esteja incluído). Ela é mais do que a capacidade de mandar nos outros e é até mesmo mais do que o poder de levar as pessoas a fazer o que não querem. Chamo de eficácia o "poder de convencer" as pessoas a fazer coisas. É a sua capacidade de vender o seu peixe, as suas ideias e as suas metas com tanta competência que os outros desejarão ajudá-lo a conseguir o que você quer. Como fazer isso? O primeiro passo é acreditar em si mesmo e nas suas aptidões.

O mais notável atleta americano

Quando foi solicitado a quarenta dos mais famosos historiadores do esporte que selecionassem a pessoa que se sobressaía como o maior atleta na história do esporte americano, a escolha praticamente unânime recaiu em Babe Ruth. Os historiadores acharam que fora ele quem melhor usara os seus talentos, e o impacto que ele causou na sua modalidade esportiva durante a sua vida foi enorme. Quando perguntaram qual o atributo que o tornava tão notável, quase todos os peritos em esporte responderam que era a autoconfiança.

Em nenhum lugar essa confiança em si mesmo é mais bem ilustrada do que na conhecida história do seu mais famoso *home run*. Os Yankees estavam perdendo o jogo mais importante da World Series. Silenciosamente, "The Babe" se posicionou na base do rebatedor no último tempo, com dois jogadores fora e as bases cheias. Com um *home run* os Yankees venceriam o jogo. A multidão vibrava, o que o fez lembrar que a decisão do campeonato estava completamente nas suas mãos.

"Primeiro *strike*!", gritou o juiz. O público ofegou e ficou em silêncio.

"Segundo *strike*!", disse o juiz. The Babe se afastou da base, apertou o cinto, ajustou o boné e contemplou o taco que tinha na mão. Lentamente, o velho veterano se posicionou na base. De um modo casual, levantou o braço esquerdo e apontou para o muro do lado esquerdo do campo. O arremessador deu um largo sorriso. A multidão ofegou!

Houve um arremesso, uma rebatida, a pancada firme de um taco, e a bola subiu lentamente. Subindo cada vez mais, ela se encaminhou exatamente para o lugar apontado por The Babe — por cima da cerca do lado esquerdo do campo! A multidão enlouqueceu!

Mais tarde, no vestiário, um companheiro de equipe perguntou ao "Rei dos Home Runs" como ele teria se sentido se tivesse errado a bola depois de ter apontado para o muro.

"Bem, hã... isso nunca me passou pela cabeça", retrucou o velho herói.

Isso é que é autoconfiança — *acreditar que somos capazes de fazer aquilo que nos propusemos realizar!* Uma sólida autoimagem positiva diz o seguinte: "Tenho valor como pessoa. Sou alguém. Sou importante no mundo!" A autoconfiança declara: "Sou capaz. Consigo lidar com o meu ambiente. Mais do que isso — com a ajuda de Deus — sou capaz de vencer o jogo da vida!"

Autoconfiança não é...

É possível que algumas pessoas desistam de desenvolver um intenso sentimento de autoconfiança por ter conhecido muitos farsantes.

Autoconfiança não é:
Vangloriar-se das suas aptidões e realizações
    Menosprezar as aptidões e realizações dos outros
        Exagerar as suas aptidões ou feitos
            Usar de argumentos para convencer todo mundo a fazer as coisas do jeito que você quer.

Uma palavra que expressa melhor essas atitudes é arrogância. Outras palavras que também me vêm à mente são "presunção", "egocentrismo" e "egoísmo". As pessoas que estão sempre se vangloriando, menosprezando os outros, exagerando ou procurando convencer os outros a fazer o que elas querem só estão tentando fortalecer a sua fraca autoconfiança.

"Os mansos herdarão..."

A verdadeira autoconfiança tende a ser quieta e afável. Uma triste peculiaridade da língua inglesa é que *meekness* (mansidão) rima com *weakness* (fraqueza). Assim, todos os poemas que falam da mansidão de Jesus tendem a se concentrar na cena na qual Ele era um bebê em uma manjedoura. De alguma maneira viemos a associar mansidão com vulnerabilidade, com ser um banana, com a fraqueza de caráter.

A verdadeira definição de mansidão é *força controlada*. Como demonstrou a virilidade de Jesus, as pessoas que acreditam em si mesmas estão mais interessadas em alcançar as suas metas do que em provar para todo mundo que elas são formidáveis.

As Pessoas que Têm uma Sólida Autoconfiança Tendem a:
Aplicar a sua energia pessoal em metas proveitosas
    Deixar que os outros falem a respeito das suas aptidões e realizações

>Concentrar-se em metas, não em atividades
>Expressar admiração e valorizar os outros.

É suficiente para elas conhecer o valor dos seus objetivos e acreditar na sua capacidade de alcançá-los. Elas estão bem mais interessadas em que as suas ações falem mais alto do que as suas palavras.

Talvez você seja um puro-sangue

"Criado à imagem de Deus" é uma afirmação poderosa! Mostrar-se à altura de todo esse potencial exige que façamos o melhor possível com tudo que temos. Talvez alguém tenha sentido que havia um toque de grandeza em si. Talvez tenha ousado pensar que é um puro-sangue, que nas suas veias corre o sangue de um campeão.

Alguém disse certa vez que existem na verdade duas pessoas dentro de cada um de nós: uma pessoa ambiciosa que anseia pela grandeza e uma pessoa mesquinha que se coloca no caminho da primeira e grita: "Você não vai conseguir!".

Por exemplo, Enrico Caruso, o famoso tenor, estava esperando nos bastidores na noite de estreia de uma ópera, e o teatro estava lotado. De repente, o grande cantor emitiu um sussurro alto e estridente: "Saia do caminho! Saia! Saia!". Os auxiliares de palco ficaram desconcertados, porque não havia ninguém perto dele. Acharam que Caruso estava ficando maluco.

"Senti dentro de mim o homem ambicioso que quer cantar e sabe que é capaz disso, mas ele estava sendo reprimido pelo meu eu mesquinho que fica com medo e diz que não vou conseguir", explicou mais tarde o grande cantor. "Eu estava simplesmente mandando esse meu eu mesquinho embora."

A insegurança e o medo de fracassar são os dois maiores inimigos da verdadeira pessoa que busca se erguer dentro de cada um de nós. Se deixarmos, eles podam a pessoa que esperamos nos tornar até que fiquemos tímidos e com medo de tentar. Eles sugam os nossos recursos, fazendo com que só consigamos fazer uso de uma pequena parte da nossa capacidade mental.

"A música sumiu"

A autoconfiança encontra várias formas de resistência, mas ela sempre se mostra à altura do desafio. Ken Helser é um excelente músico que usa os seus talentos com muita eficácia para se comunicar com prisioneiros em todo o sudeste dos Estados Unidos. "Quando eu era garotinho", conta ele aos reclusos, "ganhei num Natal um pequeno xilofone. O instrumento veio com um manual de instruções. Eu já tinha aprendido bastante como tocá-lo quando perdi o manual." Depois que ele e os seus pais procuraram em vão na casa, no jardim e no carro da família, Ken começou a chorar.

"Mamãe", choramingou ele. "A música sumiu!"

"Não, filho", retrucou a mãe. "As instruções sumiram... A música está dentro de você... escute-a, e você conseguirá tocá-la."

"Aqui na prisão", diz ele aos reclusos, "vocês podem se sentir separados de tudo, como se a vida estivesse se fechando sobre vocês... como se a música tivesse desaparecido da sua vida. Mas a música está dentro de vocês; se vocês a escutarem, poderão tocá-la!"

Onde quer que estejamos, sejam quais forem as circunstâncias, independentemente da fatalidade que possa ter se abatido sobre nós, a música da vida não desapareceu. Ela está dentro de nós, e se prestarmos atenção a ela poderemos tocá-la. "As pequenas mentes são domadas e subjugadas pelos infortúnios, mas as grandes mentes ascendem acima deles", declarou Washington Irving. Eis a mesma ideia, nas palavras de Emerson: "A pessoa notável tem a índole notável e não nos lembra mais ninguém".

As pessoas autoconfiantes são animadas quando é difícil ficar animado, pacientes quando é difícil ser paciente. Elas se obrigam a seguir em frente quando querem ficar paradas. Continuam a tentar muito tempo depois que as circunstâncias, e talvez outras pessoas, dizem que elas foram derrotadas.

A autoconfiança aliada ao esforço equivale ao caráter

Certa vez uma menina viu uma mariposa se esforçando para se libertar do casulo. Desejosa de ajudar a bela criatura, a menina pegou no bolso um canivete. Com extremo cuidado, abriu o casulo e libertou a mariposa. Durante um longo tempo, ficou observando a mariposa bater as asas e tentar voar, porém em vão. Finalmente as asas do inseto se vergaram pela última vez, e a mariposa morreu. "Irmãzinha", explicou depois a sua irmã mais velha, "o esforço confere força às asas da mariposa. Ao abrir o casulo com a faca você removeu o exercício que teria possibilitado que ela voasse."

É claro que ninguém gosta de lutar com dificuldades e infortúnios, mas as pessoas sábias os aceitam como oportunidades de crescimento. As pessoas sábias e autoconfiantes acolhem positivamente o esforço — a resistência — porque sabem que essa é a melhor maneira de desenvolver o caráter. Na realidade, essas pessoas entendem que as dificuldades constroem a coragem e a magnanimidade. Se o aprendizado fosse fácil, a nossa capacidade mental nunca se desenvolveria. Se o trabalho fosse desnecessário e não nos exercitássemos fisicamente, o nosso corpo jamais se fortaleceria. Se tudo na vida fosse um "mar de rosas", o nosso caráter seria sempre o de uma criança.

AUTODISCIPLINA, A CHAVE MESTRA

A chave mestra da autoconfiança é a autodisciplina. Esta última é a capacidade de empregar a plenitude dos nossos recursos mentais, físicos e espirituais para enfrentar qualquer desafio que tenhamos pela frente. Isso só pode acontecer na presença de um autocontrole absoluto. Thomas Huxley escreveu o seguinte:

> Aquele homem, creio eu, tem uma educação liberal cujo corpo foi de tal maneira treinado na juventude que ele é o ávido servo da sua vontade, e faz com naturalidade e prazer tudo o que, enquanto mecanismo, é capaz de fazer; cujo intelecto é um instrumento claro, frio e lógico, com todos os componentes em perfeito funcionamento, pronto, como uma máquina a vapor, a fazer todo tipo de trabalho e fiar a gaze e forjar as âncoras da mente; cuja mente tem nela armazenado o conhecimento das grandes verdades fundamentais da natureza e das leis da sua operação; um homem repleto de vida e ardor; mas cujas paixões foram treinadas para obedecer por uma vontade poderosa, servo de uma

consciência sensível, que aprendeu a amar toda beleza, quer da natureza, quer da arte, a odiar toda pequenez e a respeitar os outros e a si mesmo.

Assim como o grande Caruso foi capaz de ordenar que a pessoa mesquinha dentro dele "saísse do caminho", nós podemos controlar as inseguranças que parecem nos impedir de realizar o nosso pleno potencial. Não precisamos esperar pela permissão do eu negativo que se esforça para conseguir a nossa atenção. Podemos seguir em frente com autoconfiança. "Se a sensação é boa, faça!" é o credo de muitos jovens de hoje. Mas a pessoa que deseja desenvolver a autoconfiança se baseia na seguinte convicção: "Se continuo a fazer a coisa certa, ela começará a transmitir uma boa sensação".

Você pode, se acreditar que pode

Pesquisadores de uma proeminente universidade selecionaram um grande grupo de atletas para um experimento. Os atletas foram informados de que teriam que fazer alguns exercícios que ninguém jamais conseguira fazer. Os pesquisadores acrescentaram que como eles estavam entre os melhores atletas do país, eles conseguiriam fazer os exercícios.

Os atletas foram divididos em dois grupos, e o primeiro foi conduzido ao ginásio. Por mais que tentassem, não conseguiram fazer bem os exercícios.

O segundo grupo foi então levado ao ginásio, e os atletas foram informados do fracasso do primeiro grupo.

"Mas no caso de vocês, vai ser diferente", disseram os pesquisadores. "Tomem esta pílula. É um novo medicamento que possibilitará que você funcionem em um nível sobre-humano."

De fato, os atletas do segundo grupo conseguiram fazer os exercícios com facilidade.

"Que tipo de pílula era aquela?", perguntou depois um dos participantes.

"Nada mais do que giz", foi a resposta.

Os atletas do segundo grupo conseguiram realizar o impossível, porque acreditaram que conseguiriam! Se você acreditar intensamente que é capaz, ficará impressionado com as coisas que conseguirá fazer.

A AUTOCONFIANÇA PODE FAZER A DIFERENÇA

Garanto que se uma pessoa resolver fazer uma coisa que valha a pena, muitas pessoas de mentalidade tacanha lhe dirão que é impossível. Às vezes, temos a impressão de ser a única pessoa viva que acredita na própria capacidade. Mas não devemos deixar que as nossas dúvidas e as dos outros nos detenham! A autoconfiança pode fazer a diferença no sucesso e no fracasso.

Você encontrará no próximo capítulo dez passos testados e comprovados para o desenvolvimento da autoconfiança. Funcionaram bem para mim, e acredito que darão certo para você.

Capítulo

7

Dez passos para desenvolver a autoconfiança

"O que jaz atrás de nós e o que jaz à nossa frente são questões insignificantes em comparação como o que jaz dentro de nós", disse Emerson.

De vez quando, a mídia relata a história de pessoas que demonstraram uma capacidade sobre-humana em uma situação de emergência. Recentemente, narraram uma façanha incrível de um menino de 12 anos. O pai dele estava trabalhando debaixo de um caminhão, que pesava cerca de 1.500 quilos, quando o macaco cedeu e o caminhão caiu. Ao ver que o pai ia morrer esmagado, o menino segurou o para-choque do caminhão e levantou o veículo até uma altura suficiente para permitir que o pai saísse debaixo dele. No dia seguinte, o menino não conseguiu mover o pesado caminhão.

Poucos de nós já passamos por esse tipo de experiência traumática, mas quase todos já tivemos momentos nos quais ficamos impressionados com o que fomos capazes de fazer em determinadas circunstâncias.

Não seria magnífico se pudéssemos funcionar na capacidade máxima o tempo todo? Talvez isso seja pedir demais, especialmente porque os cientistas nos dizem que os grandes gênios conseguiram ter êxito usando cerca de 10% da sua capacidade cerebral. No entanto, uma coisa parece clara: *Todos poderíamos ter um nível de desempenho sistematicamente mais elevado do que normalmente temos, se fôssemos mais autoconfiantes.*

Eis dez passos por meio dos quais você poderá desenvolver a autoconfiança. Eles serão eficazes independentemente do seu nível atual de autoconfiança. À medida que esses passos se tornarem hábitos que você cultiva na vida do dia a dia, eles possibilitarão que você enfrente todos os desafios com uma maior confiança em si mesmo e nas suas habilidades.

PRIMEIRO PASSO
Decida que limitações você irá aceitar

Dois erros comuns são capazes de devastar o seu sentimento de autoconfiança.

- Primeiro, é errado partir do princípio de que todos os nossos limites são impostos por nós mesmos.
- Segundo, é igualmente tolo e autodestrutivo admitir a derrota diante de limites impostos por nós mesmos.

O desenvolvimento da autoconfiança envolve escolher que limitações você vai aceitar, e a quais você vai oferecer resistência.

> *Deus, conceda-me serenidade para aceitar as coisas que não posso mudar;*
> *Coragem para mudar as coisas que posso mudar;*
> *E sabedoria para saber a diferença.*

Essa antiga prece ajudou mais pessoas a definir onde elas deveriam colocar o ímpeto dos seus esforços e interesses do que qualquer um de nós é capaz de imaginar.

Algumas Limitações São Genuínas. Neal Austin tem uma longa e distinta carreira como bibliotecário e é um líder na área da biblioteconomia. Ele também é um autor muito reconhecido e escreveu várias biografias de personalidades da literatura. No entanto, Neal nasceu com as mãos gravemente deformadas.

"Filho", disse-lhe o pai quando Neal era bem pequeno, "você não conseguirá ganhar a vida com as mãos, de modo que é melhor desenvolver o cérebro." Neal seguiu o conselho do pai, e o mundo tornou-se um lugar melhor porque ele não ficou se queixando da sua infelicidade. Aceitou as suas limitações e canalizou a sua energia para o desenvolvimento dos seus pontos fortes.

As pessoas que se chocam furiosamente contra as suas limitações naturais tendem a se tornar frustradas e amargas. Elas tentam se colocar à altura de ideais não realistas, e acabam se tornando "pinos quadrados em buracos redondos". Privam o mundo do que poderiam fazer melhor porque passam a vida tentando fazer o que só conseguem fazer de qualquer modo ou que nem mesmo conseguem fazer. O constante fracasso as derruba, e elas perdem toda a aparência de autoconfiança. Essas pessoas gastam toda a sua energia perseguindo o que realmente é um "sonho impossível".

"O Sonho Impossível" é sem dúvida um título excelente e inspirador para uma música, mas é uma maneira horrível de passar a vida. Prefiro o conceito do "sonhar de uma maneira prática", ou seja, ter sonhos *possíveis* a respeito do que fazemos melhor. Em geral, o primeiro passo para determinar o que você faz melhor é eliminar o que você só consegue fazer mal ou simplesmente não consegue fazer. Em seguida, você estará livre para concentrar todas as suas energias criativas nas suas habilidades e pontos fortes.

A maioria das nossas limitações é imposta por nós mesmos. Um bispo da Igreja Ortodoxa estava acostumado a visitar anualmente uma pequena faculdade religiosa. Em uma dessas visitas, o bispo se envolveu em uma conversa com o diretor da faculdade depois do jantar. O líder religioso era de opinião que naquele milênio não aconteceria mais nada de novo, já que tudo na natureza tinha sido descoberto e todas as invenções possíveis já tinham sido criadas. O diretor da faculdade discordou, dizendo que sentia que os cinquenta anos seguintes seriam palco de grandes descobertas e invenções. Na sua opinião, não ia demorar muito para que os homens estivessem voando pelos céus como os pássaros.

"Tolice"!, exclamou o bispo. "Somente os anjos podem voar!"

O nome do bispo era Wright. Ele tinha dois filhos: Orville e Wilbur.*

---

* O autor está se referindo aos irmãos Wright, que os americanos consideram os inventores do avião. (N. da T.)

A narrativa de quase todas as grandes realizações da história pode quase sempre começar com as palavras: "Eles disseram que não era possível!". Durante muitos anos, por exemplo, o consenso dos atletas, técnicos, médicos e outros especialistas da área do esporte era que ninguém jamais conseguiria correr uma milha em menos de quatro minutos. Até que um jovem chamado Roger Bannister conseguiu fazer isso em 1954. Desde então, muitos corredores correram uma milha em menos de quatro minutos.

A opinião dos outros ou a sua insegurança podem muitas vezes reprimir a confiança que você tem na sua capacidade e na possibilidade de um projeto. A autoconfiança com frequência é pouco mais do que o sentimento que você tem, bem no fundo, que consegue realizar algo que a razão diz ser impossível. No entanto, se você reagir de uma maneira positiva a esse pequeno sentimento, ele começa a crescer até atingir a plena florescência na ação concreta.

O Segredo Está na Escolha. O segredo que envolve dar esse passo reside em fazer a escolha certa quanto aos limites que vamos aceitar e aqueles pelos quais não vamos nos deixar tolher. No início talvez seja um pouco difícil. É possível que tenhamos até que falhar algumas vezes para descobrir como escolher com mais eficácia. Mas isso é perfeitamente aceitável! É melhor tentar fazer algo e falhar do que não tentar nada e ser bem-sucedido! À medida que insistirmos, poderemos aprender outras coisas a respeito das nossas limitações e pontos fortes, e as escolhas irão se tornando mais fáceis e naturais.

Tenha em mente o seguinte: o "grande eu" dentro de você está sempre em uma posição melhor para saber o que você pode e o que não pode fazer. À medida que você reagir de uma maneira positiva a essa pessoa interior que anseia por controlar a sua vida, perceberá que a autoconfiança cresce automaticamente.

SEGUNDO PASSO
Concentre a atenção nos seus melhores pontos fortes

Os grandes realizadores aprenderam o segredo da concentração da energia. Entraram em contato com os seus recursos interiores e descobriram o que conseguem fazer melhor — aquilo a que acham que vale a pena se dedicar ao máximo para realizar. E aprenderam a canalizar as suas energias para um único propósito. "Lidere sempre com o seu trunfo" é um bom conselho.

Os vencedores são como rios. Eles encontram — ou cavam — um canal profundo e seguem o seu curso a partir de onde estão até onde desejam ir. Vá até a margem de um grande rio e pense em como ele é poderoso. Pode gerar eletricidade, deslocar o terreno e fornecer o ambiente para uma grande riqueza. Por quê? Ele concentra todo o seu movimento em uma única direção!

Os perdedores são mais como pântanos. Eles se espalham por toda parte. Tendem a experimentar um pouco de tudo, e na realidade não alcançam êxito em nada. Se você algum dia se vir ao lado de um pântano, observe o que sai dele. A lama que atola as pessoas, mosquitos que não são bons para nada, sugam o sangue e espalham doenças, jacarés e os mais diversos tipos de cobras venenosas que podem causar dano aos seres humanos.

À medida que aprendermos a nos concentrar em nossos pontos fortes, e no que fazemos bem, sentiremos a autoconfiança aumentar. Por exemplo, os narradores de jogos esportivos geralmente concordam em que a característica que tornou Muhammed Ali praticamente invencível na sua época áurea foi o fato de ele sempre obrigar o oponente a "lutar a sua luta". Ele "flutuava como uma borboleta e picava como uma abelha". Debaixo da poesia e da adoração por si mesmo jazia um grande lutador que sabia o que era capaz de fazer melhor e se apegava a isso. É compreensível que ele tenha feito lutadores bem mais poderosos acreditar que ele era "O Máximo".

Um dos problemas que quase todos enfrentamos é o fato de que podemos fazer muitas coisas relativamente bem. Abraham Lincoln teria sido um excelente advogado de tribunal, mas decidiu ser político. Tinha um profundo sentimento de ter sido colocado na Terra para dar uma contribuição específica em um momento crucial da nossa história. Por conseguinte, ele resolveu, com tudo o que tinha dentro de si mesmo, manter esse encontro com o destino.

J. B. Phillips, o grande especialista em grego e tradutor da Bíblia, apresenta uma interessante versão da ideia expressada no livro de Romanos. Ele diz: "Não deixe que o mundo o comprima no molde dele; deixe que Deus remodele a sua mente a partir do interior..." Essa é uma imagem vívida do que acontece a algumas das pessoas mais talentosas e capazes do mundo. Elas são comprimidas em uma forma que molda a vida delas para que se encaixe nas circunstâncias que as cercam ou na imagem de outras pessoas. O triste é que o mundo é privado das verdadeiras contribuições que elas poderiam fazer.

Para desenvolver a autoconfiança, faça o mundo lutar a sua luta; entre em contato com o que você faz melhor e o que você mais deseja fazer. Depois, passe a vida fazendo isso. Quanto mais competente você se torna no que escolhe, mais autoconfiança você desenvolve.

TERCEIRO PASSO
Cultive a fé dentro de você

Aprenda a ser amável consigo mesmo. Mantenha uma lista dos seus triunfos e sucessos. À medida que nos concentramos no que fizemos, teremos mais confiança no que podemos fazer. Somente a mentalidade de perdedor faz uma pessoa se concentrar nas fraquezas e fracassos.

A maioria de nós já demonstrou mais autoconfiança do que percebemos. A confiança em si mesmo começou quando você era pequeno. Você acreditou que era capaz de andar antes de dar o primeiro passo. Acreditou que poderia falar antes de proferir a primeira palavra. E acreditou que seria capaz de fazer um trabalho digno de mérito antes de ter o seu primeiro emprego. No que você acreditou, você realizou.

A minha definição predileta de "acreditar" é "aceitar como verdadeiro". A consequência positiva disso é que agimos como se uma coisa fosse verdadeira. Quando agimos como se aceitássemos as nossas aptidões, descobrimos que elas são genuínas.

Isso realmente funciona! Por exemplo, na véspera do dia em que Douglas MacArthur* iria se submeter ao exame de seleção da West Point, ele estava nervosíssimo. A sua mãe lhe disse: "Você passará se não perder a coragem. Você precisa acreditar em si mesmo, meu filho, caso contrário ninguém acre-

---

* Grande general americano que foi comandante das forças aliadas no Pacífico Sul durante a Segunda Guerra Mundial. (N. da T.)

ditará em você. Seja autoconfiante, autossuficiente e, mesmo que não consiga o que quer, saberá que deu o melhor de si". Quando o resultado da prova foi anunciado, o nome Douglas MacArthur era o primeiro da lista.

Adquira o hábito de agir como se as melhores coisas que você espera a respeito das suas aptidões fossem verdadeiras. Você não apenas descobrirá que é mais autoconfiante, como também constatará que a sua autoconfiança é justificada pelo seu desempenho. Você se lembra da música de "O Rei e Eu"?

Sempre que sinto medo, ergo a cabeça,
E assovio uma música alegre, para que ninguém desconfie
De que estou com medo.

É muito fácil distinguir o resultado dessa simulação;
Pois quando engano as pessoas que estão comigo,
Engano a mim mesmo também.

Torne o cultivo da fé em si mesmo um exercício diário, até mesmo de cada momento, e você poderá desenvolver a autoconfiança.

QUARTO PASSO
Prepare-se para ser o melhor

Um rapaz chamado Demóstenes, ao pedir para se dirigir aos líderes da antiga Atenas, subiu ao lugar que alguns dos maiores oradores da história tinham ocupado. A sua voz estava fraca e hesitante, a sua postura era tímida e as suas ideias, desorganizadas. Além disso, ele falou gaguejando. Quando terminou, a multidão o vaiou e expulsou com assobios da plataforma.

Mas Demóstenes não se deixaria subjugar.

"Nunca mais falarei despreparado!", prometeu aos seus botões. E foi exatamente o que fez! Educou a voz gritando a plenos pulmões no mar Egeu. Praticou os seus discursos debaixo de uma espada dependurada para fortalecer a sua coragem. Exercitou-se horas a fio com seixos rolados na boca para eliminar a gagueira. Preparou tão bem os seus discursos que foi acusado de prepará-los em excesso.

Quando se dirigiu à assembleia novamente, Demóstenes era um homem diferente. Com palavras eloquentes, uma voz poderosa e uma postura altiva, extraiu estrondosos aplausos da audiência. Quando terminou, a multidão se ergueu em uníssono e gritou: "Vamos combater Filipe!"

Como pôde um jovem hesitante, gaguejante e com medo de falar em público se levantar da rejeição e do fracasso e se tornar o maior orador da história da Grécia? A resposta envolve uma única palavra: preparação! Demóstenes sabia que o seu primeiro discurso não tinha representado o melhor que ele poderia fazer. Ele só conseguiu superar a insegurança e o medo de falar em público por ter se preparado para ser o melhor que poderia ser naquilo que se propusera.

Só se obtém o tipo de autoconfiança que possibilita que um desempenho se situe no limite superior da capacidade com preparo adequado. Somente então é possível pisar confiante na arena da vida e enfrentar os concorrentes com coragem e entusiasmo.

Quando superamos os rudimentos de um trabalho e dominamos as técnicas básicas de execução das tarefas, estamos prontos para seguir adiante e nos envolver com a árdua preparação necessária para ser um mestre. Conta-se a história de uma senhora idosa, virtuose do piano, que era capaz de comover as pessoas até as lágrimas quando tocava. "Com que frequência a senhora pratica?", perguntou-lhe uma jovem discípula.

"Seis horas por dia!", respondeu a senhora.

"Mas, madame", contrapôs a sua jovem pupila, "a senhora já toca há tanto tempo, é tão competente..."

"Eu quero ser magnífica", replicou a sábia senhora.

A autoconfiança é a pequena margem que geralmente eleva o vencedor acima dos "demais participantes". A crença nas suas habilidades só tem lugar com a preparação.

QUINTO PASSO
Cultive amigos que acreditem em você

O que você diz para si mesmo é extremamente importante; temos a tendência de viver à altura das expectativas que temos para nós mesmos. Porém, o que dizem de nossa capacidade aqueles à nossa volta pode causar um grande impacto na nossa autoconfiança, porque também tentamos viver à altura dessas expectativas. Se dissermos o tempo todo às crianças que elas são burras, elas passam a acreditar nisso quando crescem. Quando se espera grandes coisas delas, elas provavelmente realizarão coisas notáveis.

Você já reparou que algumas pessoas exaurem a sua autoconfiança e o deixam com sentimentos de insegurança? No entanto, você extrai forças daquelas que estimulam a sua autoconfiança. Às vezes é surpreendente reparar que aqueles que abalam nossa confiança não são realmente as melhores pessoas à nossa volta. Elas têm a mentalidade tacanha e estão sempre reclamando de alguma coisa. Em geral, aqueles que poderiam ter motivos para menosprezar a nossa capacidade são exatamente os que tendem a nos incentivar. O meu amigo humorista, Joe Larson, me disse certa vez o seguinte: "Os meus amigos não acreditavam que eu pudesse me tornar um orador de sucesso. Assim sendo, decidi fazer alguma coisa a respeito. Fiz novos amigos!".

Algumas das maiores narrativas de sucesso da história acompanharam uma palavra de estímulo ou um ato de confiança da parte de um ente querido ou de um amigo de confiança. Não fosse pela esposa confiante, talvez o nome de Nathaniel Hawthorne não estivesse relacionado entre os grandes nomes da literatura. Quando Nathaniel, arrasado, voltou certo dia para casa e disse à mulher que tinha sido demitido do seu emprego em uma repartição alfandegária e confessou ser um fracasso, ela o surpreendeu, exclamando com alegria: "Agora", declarou triunfante, "você poderá escrever o seu livro!"

"De fato, retrucou o homem", com a confiança no fundo do poço, "e como iremos viver enquanto eu estiver fazendo isso?"

Para sua surpresa, a esposa abriu uma gaveta, retirando dela uma substancial quantia.

"Como você conseguiu todo esse dinheiro?"

"Eu sempre soube que você era um homem de talento", respondeu ela; "sabia que um dia você iria escrever uma obra brilhante. Este dinheiro dará para os nossos gastos durante um ano."

Essa confiança e segurança deram origem a um dos maiores romances da literatura americana: *A Letra Escarlate*.

Devemos cultivar relacionamentos com pessoas que reforçam a nossa autoconfiança, que esperam o melhor de nós e que recomendam com insistência que nos realizemos. Às vezes encontramos essas pessoas nas páginas de livros notáveis. O falecido presidente John F. Kennedy estudava regularmente o que os grandes nomes da história fizeram e estruturou a sua vida em função dos "hábitos de liderança e grandeza" deles.

Desenvolver a autoconfiança é um dos poucos jogos da vida que todos podem ganhar. Em outras palavras, você pode inverter o processo construindo a autoconfiança de outras pessoas e inspirando-as a alcançar a verdadeira grandeza delas. A sua autoconfiança será enormemente beneficiada ao receber e dar os toques de estímulo oriundos de relacionamentos mutuamente fortalecedores.

SEXTO PASSO
Aprenda com os seus erros e fracassos: não se deixe derrotar por eles

A única maneira de evitar erros é cometer o maior erro de todos: não fazer nada. Alguns erros realmente têm graves consequências, às vezes bastante desproporcionais às "facilidades" com que são cometidos. Entretanto, nenhum fracasso, fatalidade ou erro é grande a ponto de não gerar nenhum benefício.

A pessoa sábia sempre procura aprender alguma coisa de valor com cada erro ou fracasso. O perdedor não ganha nada quando tenta e é malsucedido.

"Trabalho aqui há vinte anos", queixou-se o funcionário de uma empresa na qual acabara de ser preterido em uma promoção. "Tenho vinte anos a mais de experiência do que a pessoa que acaba de ser promovida!"

"Não, Charlie", disse o chefe, "você teve um ano de experiência vinte vezes. Você não aprendeu com os erros que cometeu. Você continua a cometer os mesmos erros que cometia no ano em que começou a trabalhar aqui."

Que história triste! Mesmo que um erro pareça trivial, não o aumente deixando de aprender alguma coisa de valor com ele.

"Desperdiçamos um tempo enorme!", exclamou um jovem assistente para Thomas Edison. "Fizemos vinte mil testes, e ainda não encontramos um material que funcione como um filamento!"

"Aha!", respondeu o gênio. "Mas agora conhecemos vinte mil coisas que não funcionam!"

Foi esse espírito indômito que possibilitou que Edison finalmente encontrasse um filamento que produzisse luz — e mudasse o curso da história.

Um passo importante no desenvolvimento da autoconfiança é aprender a examinar os seus erros na perspectiva adequada. O segredo reside em associar o seu sentimento de segurança pessoal a algo mais profundo que o sucesso imediato. Podemos desenvolver a autoconfiança e preservá-la, confrontando os fracassos e erros com as nossas metas a longo prazo, e não com as consequências imediatas deles. Nenhum erro jamais nos despojará de nosso valor inerente como ser humano. A maioria dos erros só nos desvia brevemente do caminho em direção à realização de nosso propósito. Os erros raramente são fatais. O mais comum é que a atitude da pessoa diante deles seja fatal ou, pelo menos, bastante prejudicial. As pessoas capazes de sair de cada erro ou fracasso mais bem equipadas para enfrentar o futuro não apenas conseguem recuperar a autoconfiança, como também são capazes de fortalecê-la ainda mais.

SÉTIMO PASSO
Aprenda a aceitar a crítica construtiva e não dar atenção às críticas mesquinhas

"A minha professora não gosta de mim!", disse a menina para o pai.

"Por que você está dizendo isso?", perguntou o pai.

"Ela me deu 3 nesta prova", respondeu rápido a menina. "E veja só todas essas marcas vermelhas que ela fez na prova inteira!"

"Acho que ela gosta muito de você", replicou o pai depois de ler a prova. "Ela sabe que você é capaz de escrever bem melhor. E até se deu ao trabalho de mostrar como você pode melhorar!"

Ninguém gosta de ser criticado! Mesmo quando sabemos que não fizemos o melhor possível, é doloroso ouvir uma pessoa que amamos dizer que poderíamos ter feito melhor. No entanto, os nossos verdadeiros amigos são aqueles que não nos deixarão escapar impunes com um trabalho desleixado ou um esforço irresoluto. Com extrema delicadeza, eles nos dizem que esperavam mais de nós. Essas críticas, do seu jeito, são na realidade elogios. Aprender a aceitar a crítica construtiva não apenas pode melhorar o nosso desempenho, como também é capaz de nos ajudar a desenvolver a autoconfiança ao percebermos que podemos ser mais competentes.

Os insultos maliciosos das pessoas invejosas, inseguras ou negativas são uma questão totalmente diferente. Quanto maior o seu sucesso, e quanto melhor você se torna no que faz, mais você atrairá esses descontentes. O melhor que você tem a fazer é não dar atenção a esse tipo de crítica! Ela em geral nada faz para aprimorar o seu desempenho e sempre arranha a sua autoconfiança. Se possível, aprenda algo com ela; caso contrário, esqueça-a e siga em frente.

OITAVO PASSO
Comemore suas conquistas

Depois de termos dado o melhor de nós ou feito algo com competência, dar palmadinhas nas próprias costas não é uma atitude egoísta. Na realidade, ela pode ser uma grande edificadora da autoconfiança.

Mesmo quando somos empregados de alguém trabalhamos para nós mesmos. Aprenda a ser gentil com o seu mais valioso funcionário: você mesmo! Uma mulher disse certa vez que o seu chefe era muito generoso com os períodos de férias, com os aumentos periódicos e com os benefícios adicionais. Ele sempre proporcionava um ambiente de trabalho agradável. "Mas eu trocaria tudo isso pelo mero reconhecimento de que eu fizera um bom trabalho", declarou ela.

Para desenvolver a autoconfiança, recompense a si mesmo pelos seus esforços e realizações, e celebre as suas vitórias.

NONO PASSO
Cultive um sentimento de humildade

As pessoas que se tornam arrogantes e excessivamente orgulhosas de si mesmas, mais cedo ou mais tarde, de alguma maneira, são derrubadas pelo fracasso. Muitas conseguem aceitar o fracasso sem se deixar abalar e seguem em frente, mas são corrompidas pelo sucesso. Tendem a se esquecer de onde vieram e a menosprezar aqueles que elas julgam ser inferiores a elas.

Uma coisa interessante acontece às pessoas que caem nessas armadilhas. Elas tendem a ficar paranoicas a respeito das intenções de todos os que as cercam, separando-se daqueles de quem precisam desesperadamente. O passo seguinte, com frequência, é elas passarem a ter sérias dúvidas a respeito da capacidade que têm de sustentar o nível de desempenho que estabeleceram para si mesmas. É possível encontrá-las tentando fortalecer a própria autoconfiança degradando aqueles que encaram como concorrentes, ou tentando manter o seu poleiro elevado destruindo os outros.

Falar o tempo todo sobre as próprias aptidões e realizações é um sinal de insegurança, não de autoconfiança. Manter as suas habilidades e feitos dentro de uma perspectiva adequada não é apenas importante para conservar amizades; também ajuda muito a desenvolver a autoconfiança. "As pessoas realmente notáveis", declarou John Ruskin, "sentem que a grandeza não reside nelas, mas é algo que passa através delas". Sir Francis Bacon escreveu o seguinte: "Quanto menos as pessoas falam a respeito da sua grandeza, mais pensamos nela".

Os novos desafios são importantes, mas deveriam ser os desafios que escolhemos, em vez de desafios que nos são impostos porque tentamos viver de acordo com uma imagem que definimos. Por exemplo, um dos enredos clássicos dos velhos filmes de faroeste é o de um pistoleiro que adquiriu tal reputação que todos os seus rivais se empenham em "ser mais rápidos do que ele no gatilho" para fortalecer a sua própria reputação. Mais cedo ou mais tarde, o pistoleiro é superado pelo próprio recorde.

Admitir francamente um erro é outro elemento da verdadeira humildade. Quando você admite prontamente que é capaz de cometer erros, e que você de fato os comete, eles não são tão devastadores para a sua autoconfiança quando ocorrem. "Comer urubu" não é agradável, por mais mostarda e catchup que você acrescente ao prato, mas em geral quanto mais cedo você come, menos desagradável ele é para o paladar!

Se você deseja desenvolver a autoconfiança, cultive um sentimento de verdadeira amizade.

DÉCIMO PASSO
Continue a expandir os seus horizontes

Na ausência de novos desafios, desenvolvemos o que alguém chamou de "endurecimento das atitudes". Só ficamos velhos quando as nossas lembranças se tornam mais importantes do que as nossas metas. Sempre admirei, por exemplo, o espírito indomável de George Burns. Eis um homem que, de acordo com todos os padrões humanos, era muito bem-sucedido. Tinha várias profissões e definia um ritmo incrível para que os outros o seguissem em cada uma delas. Apesar da sua idade avançada, ele se recusava a parar de buscar novos projetos.

O dr. Norman Vincent Peale foi outro desses grandes espíritos que não se deixou deter pela idade e que se recusava a viver no passado. Com mais de 90 anos, continuava a escrever livros, a dar palestras inspiradoras e a trocar ideias com pessoas que precisavam descobrir "O Poder do Pensamento Positivo"! O dr. Peale é a melhor prova que conheço da afirmação que ele fazia de que "O Entusiasmo Faz a Diferença". Eis uma pessoa cuja autoconfiança continuou a crescer porque ele continuou a se expandir.

As pessoas que vivem nas glórias passadas e que deixam de continuar a desenvolver a autoconfiança constatam que, pouco a pouco, perdem a fé que um dia tiveram na sua capacidade. Lentamente, começam a falar cada vez mais sobre "os bons tempos de outrora" e cada vez menos sobre os anos maravilhosos que têm à frente. Estou certo de que você já assistiu a filmes que retratam o impacto de viver no passado: cenas de um velho ator revelando lembranças de antigas peças, um lutador com dano cerebral que diz a um menino como ele um dia "foi o melhor" ou um atleta que está envelhecendo e que contempla troféus de antigas vitórias com a sua visão já não muito perfeita.

Não é preciso ser idoso para que isso aconteça. Recentemente, um rapaz — de 30 e poucos anos — me disse que depois que alcançara a meta que estabelecera para a sua vida, estava se sentindo entediado. Termos como "esgotamento", "crise da meia-idade" e "aposentadoria antecipada" estão se tornando cada vez mais comuns nas análises do que está errado com a nossa saúde mental. Uma das melhores receitas para a autoconfiança é continuar sempre a aprender, a trabalhar e desejar ardentemente alcançar alguma coisa.

A confiança que temos na nossa capacidade é respaldada por um sentimento de propósito, pela consciência do significado e pela certeza de que estamos contribuindo com algo vantajoso para o mundo à nossa volta. Essas coisas só são nossas quando estamos nos estendendo em direção a novos horizontes.

OLHANDO PARA O PASSADO E PARA O FUTURO

Ao praticar sistematicamente esses dez passos, podemos aumentar a nossa eficácia em qualquer coisa que escolhamos fazer.

Para ter uma ideia mais clara a respeito de como continuar a se expandir, vamos dar uma olhada no próximo capítulo: "Metas: a maneira de controlar a sua vida".

Capítulo

8

Metas: a maneira de controlar a sua vida

Só existe uma maneira de assumirmos o controle da nossa vida: definindo metas e vivendo a vida de acordo com elas. Algo que as pessoas realmente bem-sucedidas têm em comum é o fato de *elas parecerem saber exatamente aonde estão indo*. Aprenderam a definir metas para si mesmas e dedicam toda a sua energia criativa a perseguir essas metas.

Lembremos, por exemplo, da cena do filme *Alice no País das Maravilhas* na qual Alice encontrou o Gato de Cheshire. Ela tinha vários caminhos diante de si e estava tendo dificuldade em escolher qual deveria seguir.

"Que caminho devo tomar?", perguntou ao Gato de Cheshire.

"Aonde você quer ir?", replicou o gato.

"Oh! Isso na realidade não tem importância", respondeu Alice.

"Então, na realidade, o caminho que você tomar não faz muita diferença", retrucou o Gato de Cheshire, com um sorriso malicioso.

Muitas pessoas malsucedidas são extremamente ocupadas, *estão sempre fazendo alguma coisa*. Entretanto, o que estão fazendo não pode conduzi-las a lugar nenhum porque elas não sabem aonde desejam ir. São vítimas das circunstâncias. Sentem-se pressionadas por outras pessoas a fazer coisas que na verdade não desejam fazer. E permanecem frustradas porque sempre parecem estar andando em círculos.

Examinemos, por exemplo, a seguinte conversa entre uma jovem e um orientador:

"Você acha que para conseguir o que deseja na vida terá que concluir um mestrado?", perguntou o orientador.

"Exatamente", respondeu a jovem, "mas quando eu tiver esse diploma, já terei 30 anos! Não posso esperar tanto tempo para começar as minhas atividades profissionais."

"Mas você não terá 30 anos de qualquer jeito, mesmo sem o mestrado?", indagou o orientador.

A previsão do orientador se revelou correta. Aos 30 anos, a mulher estava sem o diploma, enredada em um emprego que detestava e com poucas esperanças de voltar a estudar. Ela havia concentrado toda a atenção nas suas circunstâncias, em vez de nos seus objetivos a longo prazo. Essa tendência é uma indicação da imaturidade que é típica da juventude de hoje.

Analisemos a progressão de um adolescente com quem conversei recentemente:

Ele comprou um carro para poder ter um meio de transporte.
   Arranjou um emprego para poder pagar o carro.
      Abandonou os estudos para poder conseguir um emprego
         melhor,
            E comprar um carro mais novo.

Esta é a era do "tudo instantâneo". Os autores e produtores espertos conseguem resolver os mais complicados dilemas em meia hora ou, no máximo, em uma hora, nos episódios das séries da televisão. Podemos obter um alívio instantâneo da acidez estomacal se soubermos soletrar uma determinada palavra, seduzir um possível parceiro escovando os dentes com uma determinada marca de creme dental e lidar com as circunstâncias difíceis de um novo emprego usando um tipo específico de desodorante.

No entanto, a maioria das coisas que fazem a vida valer a pena precisa de tempo para ser desenvolvida. Elas não ocorrem nem rápido nem com facilidade. Além disso, não acontecem automaticamente. Os sonhadores práticos sabem que quanto mais arduamente trabalham, mais sorte têm.

Eles Sabem que:
É preciso tempo e energia para construir uma carreira.

Os relacionamentos duradouros exigem um tremendo investimento pessoal.

A segurança financeira em geral precisa ser construída ao longo de muitos anos.

Se você aprender a definir metas realistas e vantajosas para cada área da sua vida, e perseguir de corpo e alma essas metas, poderá se tornar um dos vencedores autênticos da vida.

COMO DEFINIR E MONITORAR AS METAS

Como definir e monitorar as metas? Eis sete diretrizes que representam as experiências coletivas de várias pessoas que estão entre as mais bem-sucedidas. Essas diretrizes foram testadas e aprovadas no laboratório da vida. Descobri, na minha vida, que elas funcionam.

PRIMEIRA DIRETRIZ
Identifique o seu propósito na vida

Feche os olhos por um momento e tente imaginar como você gostaria que a sua vida fosse daqui a dez anos. Tenha em mente que você é uma pessoa completa. Definir metas financeiras para satisfazer as suas necessidades e desejos é muito importante. "Pobre ou rico, é sempre bom ter dinheiro", disse certa vez alguém. Mas a vida encerra mais coisas além de ganhar dinheiro. Os jornais publicaram a história de uma jovem da Califórnia que ganhou um bolo de aniversário muito especial quando completou 21 anos. Cada uma das 21 velas estava envolta por uma nota de mil dólares. Alguns dias depois, os seus pais encontraram o corpo da moça. As suas mãos seguravam um bilhete suicida que dizia: "Vocês me deram tudo de que eu precisava para viver, mas nada que me motivasse a viver!". Que tragédia!

Ao escolher um propósito na vida, é preciso ter a resposta para três grandes perguntas:

1. *Quem sou eu?* Um simples exercício pode ajudá-lo a se concentrar nesta pergunta. Escreva um pequeno texto dizendo quem você é, mas com as seguintes limitações: elimine o seu nome, idade, grau de instrução, informações biográficas ou qualquer outra coisa que você normalmente incluiria em um currículo. A única pergunta que realmente importa é a seguinte: "Quem você é como pessoa?"

Definir metas e trabalhar ativamente para alcançá-las pode ajudá-lo a assumir o controle da sua vida por dez boas razões:

1. As metas lhe oferecem algo pelo que trabalhar; conferem propósito e rumo à sua vida.
2. As metas lhe proporcionam a melhor razão do mundo para não procrastinar.
3. As metas o ajudam a concentrar todas as suas energias e recursos na direção específica que você escolheu.
4. As metas o ajudam a desenvolver entusiasmo.
5. As metas o ajudam a ser específico com pessoas que gostariam de ajudá-lo.
6. As metas o ajudam a economizar tempo para si mesmo, para aqueles para quem você trabalha e para todas as outras pessoas que fazem parte da sua vida.
7. As metas o ajudam a ganhar e economizar dinheiro.
8. As metas o ajudam a manter o que realmente importa em uma perspectiva adequada.
9. As metas lhe conferem um padrão pelo qual você pode avaliar a sua eficácia como pessoa.
10. As metas fornecem uma base para a definição de novas metas; elas o ajudam a continuar a se expandir.

Quadro 8-1. Dez Boas Razões para Definir Metas

2. *O que estou fazendo aqui?* Que contribuição você deseja fazer na sua vida que o enriquecerá como pessoa e tornará o mundo um lugar melhor? Escreva um epitáfio para si mesmo. Resuma em poucas pa-

lavras o que você gostaria que as pessoas dissessem a seu respeito depois que você deixar esta vida.
3. *Para onde estou indo?* À luz dos dois exercícios precedentes, resuma em uma breve frase o rumo que você dará à sua nova vida. Agora avalie a si mesmo, em uma escala de 1 a 10, com relação a como o seu desempenho na vida até agora se mostrou à altura do propósito que você identificou.

Ao identificar o seu propósito na vida, lembre-se de que esta última encerra muitas dimensões. É importante escolher:

1. Uma carreira que não apenas ofereça uma recompensa financeira, mas que também satisfaça as suas necessidades mais profundas de bem-estar e significado;
2. Relacionamentos pessoais e familiares que tragam amor para a sua vida;
3. Metas comunitárias e religiosas que satisfaçam as suas necessidades espirituais e altruístas; e
4. Metas culturais e de lazer que enriqueçam a sua vida e a tornem divertida.

SEGUNDA DIRETRIZ
Escolha metas compatíveis com a maneira como vê a si mesmo

Escolha metas que possibilitarão que você se torne a pessoa que deseja se tornar. Deixe espaço para o crescimento e a expansão. Vamos rever rapidamente os três passos para desenvolver uma atitude vencedora, delineados no Capítulo 3:

1. Assuma o compromisso resoluto e permanente de só envolver a sua vida e os seus talentos em atividades que mereçam o seu maior empenho!

2. Assuma o compromisso resoluto e irrevogável de empenhar tudo o que você tem, e tudo o que você é, na realização das suas metas!
3. Assuma o sólido compromisso de alcançar o seu pleno potencial como ser humano!

Tendo em mente esses passos, escolha as metas que o conduzirão ao círculo de vencedores da vida.

As pessoas talvez não entendam, ou não concordem, com as escolhas que você fizer, mas você é a pessoa a quem tem que agradar. Alguém sabiamente assinalou que "não podemos sistematicamente ter um comportamento incompatível com a maneira como vemos a nós mesmos". Por exemplo, Albert Schweitzer desistiu de uma carreira de prestígio como médico e foi para a África construir hospitais para os nativos pobres e ignorantes. Muitos dos seus amigos, que achavam que ele estava desperdiçando o seu talento e a sua formação, enviaram uma delegação à África na tentativa de convencê-lo a voltar para a sua terra natal.

"Por que um homem tão talentoso abriria mão de tantas coisas para trabalhar entre selvagens?", perguntaram.

"Não falem em sacrifício", replicou Schweitzer. "Que diferença faz o lugar para onde a pessoa vai, desde que ela possa fazer boas obras? Por mais que eu aprecie as suas palavras e ideias amáveis, tomei a decisão de permanecer na África e cuidar dos meus amigos africanos."

Schweitzer permaneceu na África até morrer em 1965, aos 90 anos de idade. A sua vida inteira foi uma poderosa mensagem. Ele tinha a seguinte filosofia: "A única coisa essencial é buscar a verdade e praticá-la à medida que a compreendemos". Esse homem notável tinha uma visão muito clara de si mesmo. Sabia o que era importante para ele, e dedicou sua vida a alcançar esse objetivo.

A pessoa mais importante é aquela que olha para você quando você se olha no espelho. Se as suas metas, e o compromisso que você assume com elas, possibilitarem que você olhe para si mesmo com respeito e preserve o sentimento de que a vida é digna de mérito, é importante o que os outros pensam? Afinal de contas, assumir o controle da sua vida consiste em escolher as metas às quais você se dedicará durante os dias de vida que lhe forem concedidos. A literatura e a história estão repletas de histórias de pessoas que permitiram que a opinião de terceiros dominasse a sua vida, e que ficaram desapontadas com o que constataram depois.

"Conhece a ti mesmo" é um bom conselho que tem sido passado adiante ao longo dos tempos. À medida que você tenta permanecer constantemente em contato com os profundos valores que se tornaram parte da sua vida, e agir de uma maneira compatível com esses valores, poderá encontrar paz de espírito, felicidade e sucesso na vida.

TERCEIRA DIRETRIZ
Escreva as suas metas e defina um cronograma claro e preciso para alcançá-las

As suas metas devem ser ao mesmo tempo plausíveis e alcançáveis. Definir metas realistas possibilita que a satisfação pessoal e o sentimento de realização sejam uma parte normal do dia a dia. Você descobrirá que se sente melhor a respeito de si mesmo e menos cansado enquanto tenta alcançar essas metas realizáveis.

Defina com precisão as suas metas. Se você se propuser algo de uma maneira genérica, normalmente é assim que será. Seja específico e objetivo. O que, precisamente, você deseja realizar?

Três tipos de metas são desejáveis:

1. *Metas a Longo Prazo:* Essas são coisas que você deseja realizar ao longo da sua vida ou em um período de cinco a dez anos. A informação sobre o seu objetivo final é muito proveitosa.
2. *Metas Intermediárias:* Desmembre as suas metas a longo prazo em metas com um prazo menor. Neste grupo podem estar incluídas as coisas que você deseja fazer nos próximos seis ou doze meses. Confronte sempre as suas metas intermediárias com aquelas a longo prazo.
3. *Metas a Curto Prazo:* Desmembre ainda mais as suas metas de prazo longo e intermediário em metas mensais e semanais que o façam avançar em direção ao seu objetivo.

"A tinta mais pálida é mais duradoura do que a memória mais poderosa", afirma um velho provérbio oriental. É fácil perder de vista as nossas metas em meio ao ritmo enlouquecedor do dia a dia. Por conseguinte, é extremamente proveitoso tê-las por escrito e facilmente acessíveis. Muitas pessoas têm considerado útil escrever as suas metas sob a forma de um contrato que fazem consigo mesmas, no qual colocam datas definidas para a realização de incrementos específicos. É uma ideia magnífica!

QUARTA DIRETRIZ
Desmembre as suas metas em objetivos facilmente alcançáveis

O dr. Robert Schüller sempre nos faz lembrar que: "Metro a metro, a vida é difícil; mas centímetro a centímetro é sopa". Gosto dessa ideia! Constatei que é muito verdadeira. "Uma jornada de mil quilômetros começa com um único passo", é outro fragmento de filosofia oriental que diz a mesma coisa. Enquanto as metas forem longínquos sonhos e esperanças, elas não têm uma grande probabilidade de começar a acontecer. No entanto, uma vez que as desmembremos em passos controláveis, elas podem se tornar reais.

Vamos dizer, por exemplo, que alguém resolveu aumentar a eficácia com a leitura de pelo menos 36 livros no próximo ano. Talvez essa escolha pareça um "sonho impossível". Mas se essa meta for desmembrada em uma série de objetivos, será fácil ler três livros por mês. Se fizer isso todos os meses, a pessoa terá lido 36 livros no decorrer de um ano.

O princípio é o mesmo para cada meta. Coloque cada meta em um objetivo que você possa controlar. Até mesmo um trabalho normalmente maçante pode assumir um novo significado se o encaramos como parte do trabalho necessário para realizar as metas a longo prazo. É possível se entusiasmar até mesmo com tarefas rotineiras, desde que elas conduzam a algum lugar desejável. Desde que façamos todos os dias algo que nos conduza na direção de nossas metas, será possível colocar os golpes e dificuldades da vida na perspectiva adequada.

Alguém perguntou certa vez a um homem como ele conseguia permanecer tão alegre em meio a um número tão grande de calamidades. "Li a Bíblia de cabo a rabo e me dei conta de que ela frequentemente diz: 'E tudo aconteceu e passou'. Em nenhum lugar está escrito que tudo aconteceu e permaneceu." Que maneira incrível de ver as coisas!

A pergunta fundamental para cada atividade que você estiver contemplando não é "O que ela fará por mim?" e sim "Como ela vai me ajudar a alcançar a minha meta?" Se a maioria das suas atividades não o estiver conduzindo mais para perto das suas metas, o seu tempo está sendo desperdiçado — minuto a minuto.

O urgente *versus* o importante

O maior jogo que quase todos temos a tendência de jogar na vida do dia a dia é escolher como vamos despender os nossos preciosos minutos e energias criativas. As urgências parecem sempre consumir horas do nosso tempo. Lamentavelmente, muitas coisas que nos parecem extremamente urgentes num dado momento, na realidade não são tão importantes numa perspectiva mais ampla da vida. Certo amigo meu, por exemplo, me confessou recentemente que andara tão ocupado nos vinte anos anteriores cuidando de coisas urgentes que não havia percebido que os seus filhos, de repente, tinham crescido. "Um dia, olhei à minha volta, e eles tinham desaparecido", declarou ele. O interessante é que esse homem não conseguia se lembrar da maioria das coisas que o haviam privado dos momentos preciosos que poderia ter passado cultivando o seu relacionamento com os filhos.

Quando dedicamos a vida a responder a urgências, permitimos que as circunstâncias e as outras pessoas escolham como vamos viver. A única cura para o fato de desperdiçar a vida "apagando incêndios" é ter um objetivo claro e específico no qual devemos estar trabalhando em todos os momentos. Quando sabemos qual é o objetivo que nos levará para mais perto das nossas metas, podemos determinar se uma coisa é de fato urgente verificando a sua urgência diante do que é realmente importante para nós a longo prazo.

QUINTA DIRETRIZ
Faça com que os seus sonhos se tornem realidade

Uma vez que você tenha decidido o que deseja fazer com a sua vida, bem como os passos que precisa dar para fazer com que isso aconteça, *mãos à obra!* Aprenda a se disciplinar para realizar as prioridades que você estabeleceu. O seu chefe determinará cotas e metas. Os seus familiares sempre o lembrarão das necessidades e desejos deles. E pode estar certo de que a Receita Federal exigirá que você pague regularmente o seu imposto. Entretanto, *somente você pode fazer a si mesmo as exigências necessárias para que você atinja as suas metas.*

O valor de qualquer decisão reside na sua implementação. É nesse ponto que a maioria das metas fracassam. Quando no dia primeiro de julho perguntamos às pessoas quantas resoluções de ano-novo cumpriram, elas confessam que nem mesmo conseguem se lembrar das tais resoluções. Não podemos gastar o dinheiro que "iremos ganhar um dia". Não podemos desfrutar dos livros que apenas "pretendemos ler". Tampouco podemos viver das memórias que um dia teremos.

Claro, é importante ser flexível o bastante para ajustar as suas metas e tirar partido de novas oportunidades e situações. Um jovem da cidade onde eu moro, High Point, na Carolina do Norte, havia estabelecido a meta de ganhar uma Medalha de Ouro nas Olimpíadas. Durante anos, ele correu 16 quilômetros todas as manhãs antes de ir para a escola, leu tudo o que conseguiu encontrar a respeito da corrida e procurou os melhores treinadores que pudessem orientar o seu desenvolvimento. Ele estava a caminho de se tornar um corredor de classe olímpica quando machucou gravemente a perna direita em um acidente de automóvel. A lesão foi tão permanente e incapacitante, que ele soube que jamais poderia correr novamente. O rapaz ficou completamente arrasado!

No entanto, esse jovem era uma pessoa extraordinária. Depois de passar alguns dias lamentando a sua perda, decidiu começar a treinar outros corredores. Hoje, ele está treinando três rapazes e duas moças para competir. Sem dúvida, está desapontado por não ter alcançado a sua meta principal, mas aprendeu o segredo da reorientação. Em outras palavras, "se a vida lhe der limões, prepare um copo grande de limonada".

Reparei que as pessoas que concentram toda a energia em tentar alcançar as suas metas não apenas ficam mais inclinadas a realizar algo que valha a pena com a sua vida, como também são capazes de mudar as suas prioridades para que se ajustem a novas situações de uma maneira mais tranquila do que as pessoas que vagam sem rumo pela vida. É a sua atitude, e não a sua capacidade, que determina a altura do seu voo, diz um sábio ditado, sempre lembrado. Em nenhuma outra situação a atitude é mais importante do que quando você está perseguindo as suas metas.

Assumir o controle da sua vida significa que você decide o que quer fazer, e faz!

SEXTA DIRETRIZ
Recapitule as suas metas com frequência e verifique o seu progresso

É uma boa ideia avaliar a eficácia com base em quanto estamos prestes a alcançar nossas metas. Quanto temos nos ocupado não é nem de longe tão importante quanto o número de metas que atingimos. Muitas pessoas bem-sucedidas marcam encontros consigo mesmas para uma avaliação. Elas anotam por escrito o dia e a hora e não deixam que nada atrapalhe esse compromisso consigo mesmas.

Enquanto recapitulamos as metas, se constatamos que perdemos um prazo final, devemos descobrir por que isso ocorreu. É preciso elaborar um plano de contingência para cumpri-lo em uma data posterior e renovar o compromisso com essa nova data. Além disso, devemos nos recompensar em cada meta atingida, porque isso renova a confiança e nos confere um incentivo adicional que nos permite continuar a avançar em direção a todas as outras metas.

Assim como você não preencheria um cheque sem anotar a quantia que está gastando, não deixe que esses momentos preciosos passem despercebidos. Adquira o hábito de calcular o seu "saldo de metas" assim como calcula o saldo da sua conta corrente. Se você descobrir que alguém, ou alguma atividade, está efetuando retiradas não autorizadas dos seus depósitos de tempo, tome medidas para que isso cesse de imediato.

SÉTIMA DIRETRIZ
Defina constantemente novas metas

Certo homem costumava se queixar de nunca conseguir estar em dia com o seu trabalho. Todos os dias, durante vinte anos, ele olhava para a pilha de tarefas inacabadas na sua mesa. Sempre havia contas a pagar, cartas para responder, compromissos a cumprir e problemas a resolver. Quando voltava para casa a fim de escapar do aglomerado de exigências, tinha que aparar a grama, podar a cerca viva e fazer consertos. Ao menos uma vez, ele gostaria de ficar em dia, pensava.

No meio desse conflito, o homem pegou no sono e teve um sonho. Estava em um grande escritório com uma mesa bonita e moderna. Sobre ela não havia o registro de compromissos, documentos, nem contas; ele não tinha nada para fazer. Assim sendo, foi para casa. Lá chegando, encontrou a grama aparada, a cerca viva podada e todos os consertos concluídos. Sentiu um enorme alívio. Finalmente estava em dia.

"Obrigado, Senhor!", exclamou com um suspiro, enquanto se recostava para relaxar.

Ao se recostar, porém, uma pergunta começou a perturbá-lo: "O que vou fazer agora?"

Mais tarde, o carteiro se aproximou assobiando pela rua, acenou para ele e continuou o seu caminho. Não havia nenhuma carta para o homem.

"Por favor me diga", pediu o homem, "que lugar é este?"

"Você não sabe?", respondeu o carteiro com entusiasmo. "É o Inferno!"

A. Se você já elaborou um conjunto de metas, então coloque-as em ação, avalie-as à luz das Sete Diretrizes. Avalie as suas metas e a ação delas em uma escala de 1 a 10 para cada uma das diretrizes.

B. Se você não tem um conjunto de metas, elabore um conjunto completo usando as Sete Diretrizes como guia.

1. Identifique o seu propósito na vida.
2. Escolha metas compatíveis com a maneira como você vê a si mesmo.
3. Escreva as suas metas e estabeleça um cronograma claro e preciso para alcançá-las.
4. Desmembre as suas metas em objetivos facilmente alcançáveis.

> 5. Faça com que os seus sonhos se tornem realidade.
> 6. Recapitule as suas metas e verifique o seu progresso.
> 7. Defina constantemente novas metas.

Exercício 8-1. As Sete Diretrizes.

Uma coisa você descobrirá com certeza: o último degrau de toda escada de sucesso é o primeiro degrau de outra. Espero que você defina a meta de sempre definir uma nova meta a cada sucesso que alcançar.

MANTENHA SUAS METAS À VISTA

Florence Chadwick tomou a decisão de que se tornaria a primeira mulher a atravessar a nado o Canal da Mancha. Treinou anos a fio e teve a disciplina de continuar o treino quando seu corpo clamava por uma pausa. Finalmente, em 1952, o grande dia chegou. Ela partiu cheia de esperança, cercada por repórteres e pessoas que a seguiam em pequenos barcos e torciam por ela. É claro que havia também os céticos que duvidavam que ela fosse conseguir o seu objetivo.

Ao se aproximar da costa da Inglaterra, Florence Chadwick encontrou uma densa neblina, e a água foi ficando cada vez mais fria e agitada.

"Vamos lá, Florence!", exclamou a sua mãe, encorajando-a quando entregou comida a ela. "Você vai conseguir. Faltam poucos quilômetros!"

Finalmente, exausta, ela pediu para ser puxada para o barco, quando estava apenas a poucas centenas de metros da sua meta. Ficou frustrada e arrasada, em especial quando descobriu como estivera perto de atingir o seu objetivo.

"Não estou arranjando desculpas", disse ela mais tarde aos repórteres, "mas acho que eu talvez tivesse conseguido se pudesse ter avistado a costa."

Mas Florence Chadwick não seria tão facilmente derrotada. Decidiu tentar novamente. Desta feita, concentrou-se em desenvolver uma imagem mental da costa da Inglaterra. Decorou cada característica da costa distante e fixou-a com clareza na mente. No novo dia marcado, voltou a deparar com a mesma água agitada e a neblina que encontrara antes, só que dessa vez foi até o fim. Tornou-se a primeira mulher na história a atravessar a nado o Canal da Mancha. Por quê? Porque ela pôde enxergar a sua meta com clareza — através dos olhos da sua mente!

Tudo o que fazemos leva tempo. No entanto, se soubermos para onde estamos indo e se fizermos um progresso firme e constante em direção às nossas metas, seremos capazes de realizar coisas incríveis com a nossa vida.

Seja paciente porém persistente ao perseguir as suas metas!

E se você não conseguir alcançar as suas metas?

Muitas das maiores contribuições foram feitas por pessoas que tinham se proposto a fazer uma coisa completamente diferente. Tecnicamente, teríamos que dizer que elas não atingiram as suas metas, mas o nosso mundo tornou-se um lugar melhor porque elas fizeram certas descobertas e contribuições enquanto perseguiam as suas metas. Cristóvão Colombo, por exemplo, partiu para descobrir um novo caminho para as Índias. Ele errou por meio globo! No entanto, poucos de nós que gostamos de viver nas Américas diríamos que ele não se saiu bem.

Tudo o que você precisa saber é que ofereceu à vida a sua melhor tentativa. O valor de perseguir metas reside em tentar, fazer, e procurar realizar e criar. Se você se comprometer com metas dignas de mérito, e persegui-las intensamente, o sucesso cuidará de si mesmo.

Capítulo 9

Tempo: o seu maior tesouro

Em geral, a queixa mais corriqueira entre profissionais de venda e alguns dos executivos mais bem-sucedidos é a seguinte: "O meu tempo não é suficiente!". Eis o que diz uma placa comum hoje em dia nos escritórios: "Quanto mais eu corro, mais para trás eu fico". Você às vezes se sente assim?

Ao que tudo indica, esse é o caso de muitas pessoas! Elas se esforçam desde as primeiras horas da manhã até cair exaustas na cama à noite. No entanto, nunca parecem ter tempo suficiente para fazer as coisas que querem fazer ou que sentem que precisam fazer.

Se você costuma se sentir assim, eu tenho uma notícia ruim e uma boa! A má notícia é que você não vai conseguir ter mais tempo. Sempre haverá apenas 24 horas em um dia e sete dias em uma semana. Mas eis a boa notícia: *você não precisa realmente de mais tempo!*

O TEMPO AVANÇA, INEXORÁVEL!

De muitas maneiras, o tempo é como dinheiro no banco. No entanto, existe uma diferença significativa entre o tempo e o dinheiro. Podemos juntar dinheiro e depositá-lo em uma poupança e até mesmo deixá-lo lá para que renda juros. Se decidirmos não investir o dinheiro, podemos simplesmente deixá-lo quieto. O tempo é diferente. A vida nos é concedida a cada segundo. Não há dúvida de que podemos fazer coisas para encurtar ou prolongar a quantidade de tempo de nossa vida.

No entanto, não podemos parar o tempo! Podemos tirar o relógio do pulso e jogá-lo com força na calçada, mas o tempo continua a avançar, inexorável! Podemos pôr em prática a fantasia de espatifar o despertador com um martelo, mas o tempo continua a avançar, inexorável! Arrancar o calendário da parede e jogá-lo na lixeira, mas os dias continuam a passar! O tempo só cessará no momento da morte! Não existem pausas no tempo!

VOCÊ SÓ PODE CONTROLAR UMA COISA!

Não podemos controlar o tempo, mas existe algo que podemos controlar: *a maneira como passamos o tempo!* O tempo é nosso para que façamos dele o que preferirmos. Podemos despendê-lo em busca de metas e objetivos, podemos usá-lo na busca de metas de outra pessoa ou podemos simplesmente desperdiçá-lo. A escolha é sempre nossa.

Assumir o controle da vida significa que escolhemos como investir cada segundo que tivermos. De nada adianta tentar determinar de quem é a culpa de não termos tempo suficiente. É inútil culpar o emprego, as exigências de outras pessoas, as circunstâncias ou qualquer outro ladrão que roube esses preciosos minutos. A única solução reside em corrigir o problema. E só existe uma maneira de fazer isso: *assumindo o controle total do tempo que tivermos!*

Peter Drucker foi chamado de "Pai da Administração" porque contribuiu muito para o nosso entendimento de como administrar negócios e empresas. Ele diz: "O tempo é o recurso mais escasso, e a não ser que seja administrado nada mais poderá sê-lo". Se isso é verdade para os negócios, é igualmente verdadeiro para a nossa vida pessoal.

Para gerenciar o seu tempo, você precisa dominar os seus hábitos. Somos todos criaturas de hábitos. Se você não acredita no que acaba de ler, faça este pequeno teste:

1. Quando você escova os dentes, o que você pega primeiro — o creme dental ou a escova de dentes?
2. Quando você entra no carro, você coloca o pé primeiro no freio ou no acelerador?

3. Que pé de sapato você sempre calça primeiro?
4. Que lado do cabelo você penteia ou escova primeiro?
5. Por qual braço você começa a vestir o casaco?

O nosso cérebro é programado como um computador gigante para possibilitar que façamos coisas rotineiras sem pensar nelas. Se não programarmos conscientemente atividades rotineiras, elas programam a si mesmas. A única escolha que temos com relação aos hábitos é que podemos decidir quais os que vamos programar na nossa mente. E em nenhum lugar isso é mais importante do que na área do gerenciamento do nosso tempo.

PLANEJAMENTO: A CHAVE MESTRA DO GERENCIAMENTO EFICAZ DO TEMPO

A melhor maneira de controlar os hábitos, e por conseguinte a vida, é por meio de *uma estratégia sistemática de coerência aplicada*. Em termos mais simples: planeje a sua vida e viva o seu plano.

"Mas eu não quero viver uma vida regrada!", protestou uma mulher em um dos meus seminários sobre gerenciamento do tempo. "Não quero me sentir como se todo minuto da minha vida tenha que ser vivido de acordo com uma rígida programação."

"Você assiste televisão às vezes?", perguntei.

"Assisto", respondeu a mulher. "Quase todas as noites."

"Você às vezes assiste programas que não tinha a intenção de assistir quando se sentou no sofá?", perguntei.

"Bem, assisto", foi a resposta.

"Então", prossegui, "você não está deixando a televisão impor um regulamento à sua vida?"

"Suponho que sim", replicou ela. "Nunca pensei realmente nisso."

"Você pode estar certa de que as pessoas que criam a programação dos canais têm uma estratégia extremamente sofisticada para fazer com que você assista à televisão com regularidade e dedicação", assinalei. "Quer você responda à regulamentação delas ou à sua, você está seguindo a programação de alguém."

Vou lhe fazer uma importante pergunta: Você é uma "pessoa do tipo linguado" ou do "tipo truta"? Para ajudá-lo a elaborar a sua resposta, vamos dar uma olhada nas características de cada um dos peixes.

O Linguado:
Fica no fundo do mar esperando que a sua comida apareça
    Deixa que as marés controlem os seus movimentos
        Não resiste às forças da natureza
            Pode ser facilmente capturado

A Truta:
Nada contra as correntes
    Escolhe o que vai comer com cuidado
        Decide quando vai resistir e quando vai ficar quieta
            É muito difícil de ser capturada

Por analogia:
- A "pessoa do tipo linguado" apenas reage ao que acontece no seu caminho, ao passo que a "pessoa do tipo truta" age com premeditação e autodisciplina.
- A "pessoa do tipo linguado" espera que as coisas aconteçam, ao passo que a "pessoa do tipo truta" faz as coisas acontecerem.
- A "pessoa do tipo linguado" se concentra nas atividades, enquanto a "pessoa do tipo truta" coloca a atenção nas suas metas e objetivos.

SUGESTÕES PARA O GERENCIAMENTO DE TEMPO EFICAZ

Se você decidiu que quer ter o controle sobre sua vida pelo controle de seus hábitos — em vez de permitir que estes controlem você — aqui estão algumas sugestões que podem ser úteis:

PRIMEIRA SUGESTÃO
Detalhe com clareza os seus objetivos

Metas e objetivos não são sinônimos. A *meta* é como um alvo que desejamos acertar, o fim que gostaríamos de alcançar. Um *objetivo* é como um passo que damos na direção da meta. Por exemplo, se a meta é gerenciar o tempo com mais eficácia, o objetivo mais imediato é ler este capítulo.

Assim sendo, detalhar com clareza os objetivos significa decidir que passos dar para atingir as metas, estimando quanto tempo cada um deles vai levar e destinando a cada passo o tempo necessário para que seja concluído. Para fazer isso, é preciso uma *programação de atividades meticulosamente projetada*.

Benefícios de uma Programação de Atividades. Ao programar meticulosamente as suas atividades, você pode controlar a maneira como despende o seu tempo, seja para se divertir ou para ter lucro.

1. Você pode distribuir o tempo de acordo com as suas prioridades.
2. Você pode despender o seu tempo em coisas que acha que valem a pena.
3. Você pode ter mais tempo para relaxar.
4. Você pode cumprir os prazos finais importantes.
5. Você pode constantemente avançar em direção às suas metas.
6. Você pode evitar o desperdício dos seus esforços.
7. Você pode ser mais flexível.
8. Você pode eliminar tarefas que outras pessoas deveriam executar.
9. Você pode ter a paz de espírito decorrente do fato de saber que as coisas realmente importantes serão concluídas.
10. Você pode desfrutar atividades de lazer, sabendo que destinou todo o tempo necessário para fazer o que é requerido.
11. Você pode trabalhar mais à vontade e com mais eficácia em uma coisa de cada vez, ciente de que tudo será realizado em ordem de prioridade.
12. Você pode trabalhar no seu ritmo mais tranquilo e produtivo.

Adote um Orçamento do Tempo. Colocar tudo em um orçamento do tempo é uma das experiências mais liberadoras que se pode ter. Quando você elabora um orçamento com o dinheiro que tem disponível, você faz certas escolhas baseado nas suas despesas fixas mensais, que você precisa manter. Caso constate que essas despesas fixas não são proporcionais à sua renda disponível, você procura maneiras de reduzi-las. Em geral, sobra algum dinheiro para gastar como desejar. A pessoa sensata investe parte dele para o futuro e depois compra as coisas que tornam a vida prazerosa.

Com um orçamento de tempo controlado, é possível realizar o que sente que deveria ser feito e ainda ter tempo para gastar como quiser. Em outras palavras, você pode fazer uma pausa quando sentir que isso é necessário e não quando tiver uma oportunidade. E pode relaxar melhor no intervalo que tiver destinado ao descanso.

É claro que você precisa inserir flexibilidade no seu orçamento do tempo. Uma maneira de fazer isso é decidindo, de antemão, onde você vai compensar o tempo perdido na sua programação. Por exemplo, se você reservou uma hora para uma determinada tarefa e ela levar uma hora e quinze minutos, você pode reduzir um intervalo programado em cinco minutos, e também retirar cinco minutos dos dois projetos seguintes. Ao decidir de antemão como compensar o tempo perdido, você passa a ter mais facilidade em resistir à vontade de ficar à toa. Você também passa a avaliar como as interrupções interferem no seu esforço de alcançar as suas metas e busca maneiras de minimizá-las.

A princípio, a ideia de viver de acordo com um plano de atividades e um orçamento de tempo pode parecer um pouco mecânica mas, à medida que você for colocando-a em prática, ela vai se tornando mais natural. Você vai adorar o resultado, porque vai descobrir que está fazendo mais coisas em menos tempo e conseguindo relaxar mais no seu tempo livre.

SEGUNDA SUGESTÃO
Analise os seus hábitos de tempo

Como você passa o tempo? Os ladrões do tempo espreitam em cada esquina da nossa vida, esperando para arrebatar os nossos preciosos minutos.

Para nos tornarmos pessoas eficazes e ter bastante tempo para relaxar, precisamos capturar esses gatunos e dar um basta nos truques deles.

Faça um Registro do Tempo. Uma maneira de analisar hábitos de tempo é fazer um registro do tempo nas próximas duas ou três semanas. Anote quanto tempo você gasta executando cada tarefa, descansando em cada intervalo e lidando com cada interrupção.

Talvez você faça algumas interessantes descobertas. Poderá descobrir, por exemplo, que desperdiça o seu tempo da mesma maneira todos os dias, durante um período de tempo específico. Você pode tampar esse buraco e ter mais tempo para perseguir as suas metas e relaxar.

Outra interessante descoberta que muitas pessoas fazem é que são mais produtivas em diferentes horas do dia. Assim sendo, elas conseguem programar atividades que requerem uma maior produtividade durante esses momentos de pico. Se você constatar que é mais criativo durante determinadas horas, poderá reservar para esse horário as atividades que exigem a sua maior criatividade, deixando as tarefas mais corriqueiras para as ocasiões em que você costuma ser menos criativo.

Observe com atenção as suas atividades — não o relógio! Estabeleça metas diárias e horárias em função de resultados, não de atividades! Identifique os pequenos hábitos desagradáveis que o fazem desperdiçar o seu tempo e elimine-os. Eis uma lista dos ladrões mais comuns:

1. Procrastinação — adiar as coisas até que elas acabam precisando de mais tempo ou até que "atacam" em conjunto e assumem o controle da sua programação.
2. Tentar concluir tarefas sobre as quais você não tem informações suficientes.
3. Executar um trabalho de rotina desnecessário — apenas porque você sempre o fez.
4. Distrações ou interrupções desnecessárias.
5. A utilização descuidada do telefone.
7. Deixar de delegar tarefas a pessoas capazes.

8. Falta de autodisciplina em questões de tempo.
9. Deixar de estabelecer prioridades.
10. Embaralhamento desnecessário da correspondência e da papelada.
11. Vida social intensa demais.
12. Falta de controle mental ou concentração; devaneios na hora errada.
13. Falta de conhecimento sobre o seu trabalho.
14. Estender os intervalos para descanso.
15. Recusar-se a dizer "não" para coisas que interferem com as suas prioridades.
16. Cometer erros por negligência que fazem com que você tenha que refazer o trabalho.
17. Comunicação desleixada ou ineficaz.
18. Deixar de aproveitar ao máximo os recursos administrativos (como o ditafone, os centros de mensagem e coisas afins).
19. Sistemas ou procedimentos volumosos ou mal projetados.
20. Deixar de insistir com os seus colegas de trabalho para que façam o trabalho deles.

Ao analisar os seus hábitos de tempo, você poderá constatar que muitos dos ladrões de tempo mais comuns roubam de você um tempo valioso. Talvez até descubra outros que não estão na lista. De qualquer modo, identifique-os como inimigos e declare guerra a eles. Afinal de contas, *é a sua vida que eles estão roubando!*

TERCEIRA SUGESTÃO
Prepare uma lista diária e semanal de "Coisas a Fazer"

No fim de cada dia, Charles Schwab, o famoso ex-presidente da Bethlem Steel Company, adquiriu o hábito de investir cinco minutos analisando os diversos problemas com os quais teria que lidar no dia seguinte. Ele anotava as tarefas por ordem de prioridade. Ao chegar ao escritório pela manhã, começava a tratar da tarefa número 1 assim que entrava na sua sala. Depois de concluir essa tarefa, avançava para as de número 2, 3, 4 e 5, nessa ordem.

"Esta é a lição mais prática que já aprendi até hoje", declarou o multimilionário. Ele apresentou o seguinte exemplo para provar o seu argumento: "Eu vinha protelando um telefonema havia nove meses, de modo que decidi colocá-lo como a minha tarefa número 1 na agenda do dia seguinte. Essa ligação nos rendeu dois milhões de dólares por causa de um novo pedido de vigas de aço". A partir desse momento, ele se comprometeu completamente com o conceito.

Os Benefícios de uma Lista de "Coisas a Fazer"
1. Ela livra a sua mente da incômoda preocupação de que você está esquecendo alguma coisa.
2. Ela propicia o relaxamento ao fornecer-lhe um período de tempo definido para fazer o que é importante.
3. Ela pressupõe que os prazos finais cruciais são cumpridos.
4. Ela evita que você desperdice o seu tempo em atividades periféricas.
5. Ela o deixa disponível para se dedicar ao máximo à tarefa mais imediata.
6. Ela ajuda você a não se tornar viciado em trabalho.
7. Ela o ajuda a comunicar com eficácia o que você considera mais importante.
8. Ela lhe fornece um ponto lógico para começar e parar cada dia.
9. Ela o ajuda a garantir a outras pessoas que você está cuidando dos interesses delas.
10. Ela ajuda a estabelecer um fluxo sistemático de produtividade e o ajuda a trabalhar em um ritmo controlado.
11. Ela o ajuda a resistir a interrupções desnecessárias.
12. Ela o ajuda a evitar a procrastinação.

Em resumo, ao elaborar uma lista diária e semanal de "coisas a fazer", você escolhe como passar os seus dias, em vez de reagir ao que acontece. E ela o ajuda a evitar o stress e a frustração de se matar de trabalhar e concluir poucas coisas.

Uma das minhas maiores satisfações na vida é o sentimento de realização que toma conta de mim todas as vezes que elimino mais uma tarefa da minha lista de "coisas a fazer". Posso olhar para essa lista no final do dia e prontamente determinar se fui ou não uma pessoa eficaz. Como não gosto de me sentir ineficaz, vivo de acordo com essa lista de "coisas a fazer". Experimente! Você vai gostar!

QUARTA SUGESTÃO
Organize-se

Algumas das pessoas mais desorganizadas do mundo estão entre as que mais dão duro no trabalho. Trabalham como loucas o dia inteiro, tentam diligentemente concluir todas as tarefas e vão embora do escritório tensas porque deixaram de escrever cartas importantes, de ver pessoas relevantes e de concluir projetos urgentes.

Um dos motivos pelos quais elas trabalham mais tempo e mais arduamente do que todas as outras pessoas é o fato de reinventarem a roda todas as vezes que precisam andar de carro. Elas têm que produzir um esforço adicional porque fazem tudo sem planejamento. Com frequência, justificam a sua desorganização dizendo que gostam da liberdade de fazer as coisas como querem fazer.

A organização pode ser uma grande ajuda para a liberdade pessoal, se você fizer com que ela trabalhe para você e não vice-versa. Ela pode ajudá-lo a trabalhar com mais facilidade, fazer mais coisas em menos tempo e torná-lo mais valioso para qualquer organização.

Cultive a Determinação. Uma das razões pelas quais as pessoas permanecem desorganizadas é o fato de detestarem tomar decisões. Por esse motivo, elas são frequentemente preteridas na época das promoções.

Certa vez, antes da invenção dos separadores mecânicos, o gerente de um pomar de maçãs precisava de um separador para separar as frutas em três tamanhos. Logicamente, ele escolheu o melhor colhedor que tinha e o promoveu ao cargo de separador. Três cestos foram colocados diante dele, cada um de um tamanho diferente. Os colhedores iriam levar as maçãs que colhessem e empilhá-las em uma grande mesa diante do separador, e este deveria distribuí-las pelas cestas de acordo com o tamanho.

Sabendo que o homem era um trabalhador competente, o gerente lhe passou a tarefa e foi até a cidade. Ao voltar, ficou chocado ao se deparar com a mesa coberta por um monte de maçãs que caíam por todos os lados. O separador estava sentado diante dos cestos vazios com uma maçã em cada mão e um olhar perplexo no rosto. Ele era um grande colhedor, mas simplesmente não conseguia decidir se uma maçã era grande, pequena ou média. É claro que ele perdeu a promoção.

Se espera progredir na carreira, a sua chance de conseguir isso é muito maior se você aprender a lidar com a responsabilidade. Em outras palavras, quanto melhor você souber tomar decisões, mais passível de ser promovido você se torna. Cultive a habilidade de tomar decisões sobre prioridades, sobre a maneira como os diversos tipos de trabalho se encaixam e sobre como coordenar as suas atividades e as atividades das outras pessoas.

Lide com a Papelada — Não a Embaralhe. Quantas vezes você olha para um papel, ou uma carta, antes de decidir o que vai fazer com ele para então fazê-lo? Fiquei impressionado com a quantidade de tempo que consigo economizar, e com a maneira como o meu trabalho flui mais suavemente, desde que comecei a lidar apenas uma vez com os meus papéis.

Eis como a coisa funciona para mim. Reservo um período para ler e responder à minha correspondência. Leio as cartas, decido a ação que requerem e imediatamente dito uma resposta. Recuso-me a ter na minha mesa uma pasta intitulada "para examinar depois". Como consequência, faço mais coisas em menos tempo, preocupo-me menos a respeito do que vou fazer e deixo todos mais felizes. Realmente funciona!

Conserve a sua Mesa, e a sua Vida, Organizada. Você já parou para pensar que a sua mesa provavelmente diria mais coisas a seu respeito a um analista de caráter do que a sua caligrafia, a sua fotografia ou as linhas na palma da sua mão? Os especialistas em eficiência constataram em pesquisas que as pessoas que têm a mesa desarrumada tendem a ter a vida desorganizada. Em todas as áreas da vida, elas deixam as tarefas pela metade ou nem mesmo as começam. Como resultado, fazem menos coisas e passam mais tempo fazendo tudo o que fazem.

Passamos a maior parte da vida no trabalho. No entanto, o trabalho pode se tornar penoso se nos atolarmos nele. Podemos transformar o trabalho em uma aventura se reduzirmos as tarefas à forma mais simples delas e as executarmos por ordem de prioridade. Nos meus seminários, sempre recomendo um sistema que diz que se mantivermos as coisas simples, elas se tornarão divertidas. A maneira de executar esse sistema é começar a colocá-lo em prática de manhã cedo e segui-lo o dia inteiro. Por exemplo, ajustar o despertador para a hora exata em que é preciso acordar e levantar-se da cama quando ele tocar. Muitas pessoas tomam a decisão de se levantar pelo menos dez vezes toda manhã. Elas poderiam se livrar de nove decisões todos os dias se fizessem o que decidiram fazer.

Se uma atividade for importante com relação às suas metas, execute-a! Se não for, esqueça-a e siga em frente! Elimine da sua mesa e da sua vida toda bagunça acumulada; não estou dizendo para jogar tudo no lixo, e sim para você fazer hoje o trabalho de hoje.

QUINTA SUGESTÃO
Cultive o hábito do gerenciamento

O que você faria se alguém lhe desse um milhão de dólares? Provavelmente, antes de mais nada iria proteger o dinheiro. Sem sombra de dúvida você não o deixaria bem à vista no banco da frente do seu carro. Tampouco o trocaria em notas miúdas e o distribuiria pelas pessoas que encontrasse. Não é irônico que algumas pessoas protejam o seu dinheiro e os seus haveres com a própria vida e, no entanto, deixem a vida escapulir sem dar muita atenção ao fato? Elas não parecem se dar conta de que o *tempo* é o seu bem mais precioso. Ninguém tem mais tempo do que você. Cada um de nós recebe 1.440 minutos por dia, 169 horas por semana e 8.760 horas por ano. Eis algumas dicas que irão ajudá-lo a proteger a valiosa dádiva de tempo que você tem diariamente:

Aplique Cada Minuto na Perseguição das suas Metas. Por exemplo, o que você faz quando fica preso em um engarrafamento no trânsito? Noel Coward não se preocupava nem se enfurecia. Certa vez, pegou um pedaço de papel e escreveu a sua conhecida música: "I'll See You Again". Muitas pessoas bem-sucedidas mantêm à mão CDs de autoajuda para ouvir quando estão dirigindo, coisas para ler enquanto esperam por alguém e papelada de rotina para examinar — aproveitando assim o tempo perdido com os períodos de espera.

Faça Tudo Certo da Primeira Vez. "Por que nunca há tempo suficiente para fazer as coisas certas, mas sempre há tempo bastante para refazê-las?" é uma pergunta conhecida.

Controle as suas Visitas — Não Deixe que Elas o Controlem. Se você tiver uma secretária, autorize-a a fazer a triagem das pessoas que o visitam e marcar os seus compromissos. Receba as visitas do lado de fora da porta para que possa ir embora se achar que elas estão desperdiçando o seu tempo. Converse em pé e limite o tempo do encontro. Organize este último de maneira a tratar rapidamente dos assuntos e depois encerre a visita.

Reduza ao Mínimo o Tempo das Reuniões. Participe apenas de reuniões necessárias. Insista em começar na hora, ir diretamente ao ponto importante, permanecer no tema da reunião, limitar a agenda e encerrar na hora prevista. As reuniões são grandes esbanjadoras de tempo.

Aprenda a Delegar a Responsabilidade e a Autoridade a pessoas competentes que trabalham com você.

Controle o Uso que Você Faz do Telefone. Se possível, bloqueie os seus telefonemas. Reserve um tempo para falar ao telefone e limite os telefonemas a esse período.

SEXTA SUGESTÃO
Reserve tempo para todas as suas metas, inclusive o lazer

Somos *completos*. Precisamos de tempo para recarregar as baterias por meio do repouso e da recreação, tempo para cultivar relacionamentos importantes, tempo para aprender e crescer, e tempo para desfrutar a beleza do magnífico mundo de Deus. Se você é como a maioria de nós, a não ser que reserve uma quantidade de tempo apropriada, descobrirá que as coisas que fazem com que a vida valha a pena ser vivida são relegadas a um segundo plano e, em geral, perdem para as urgências da vida. Gosto muito do seguinte texto de prosa:

- Reserve tempo para o trabalho; ele é o preço do sucesso.
- Reserve tempo para o amor; ele é o sacramento da vida.
- Reserve tempo para a diversão; ela é o segredo da juventude.
- Reserve tempo para a leitura; ela é a base do conhecimento.

Ao economizar uma hora em cada dia de trabalho ao longo de uma vida profissional normal, poderemos acrescentar o equivalente a seis anos de produtividade. Isso é melhor do que se aposentar cedo com benefícios integrais!

- Reserve tempo para ajudar os amigos e estar com eles; eles são a fonte da felicidade.
- Reserve tempo para sonhar; os sonhos mantêm vivas a sua esperança.
- Reserve tempo para rir; o riso é o tempero da vida.
- Reserve tempo para a devoção; ela é o caminho da reverência.
- Reserve tempo para a prece; ela ajuda a trazer Deus para mais perto de você e lava a poeira da terra dos seus olhos.

Assumir o controle da vida significa assumir a responsabilidade de gerenciar o tempo. Significa que fazemos o tempo trabalhar para nós, em vez de nos tornarmos escravos do relógio. Aprenda a gerenciar o seu tempo e você conseguirá alcançar as suas metas — e aproveitar a sua vida.

Renda anual	Cada hora vale	Cada minuto vale	Num ano, uma hora economizada por dia vale
20.000,00	10,32	0,1728	2518,00
25.000,00	12,81	0,2134	3125,00
30.000,00	15,37	0,2561	3750,00
35.000,00	17,93	0,2988	4375,00
40.000,00	20,04	0,3596	5036,00
50.000,00	25,62	0,4268	6250,00
75.000,00	38,42	0,6403	9374,00
100.000,00	51,24	0,8536	12.500,00
125.000,00	64,03	1,067	15.623,00
150.000,00	76,84	1,280	18.749,00
175.000,00	89,65	1,494	21.875,00
200.000,00	102,45	1,707	24.998,00

Nota: A tabela se baseia em 244 dias de trabalho de 8 horas cada um.

Exercício 9-1. "Economia" de Tempo.

Usando a tabela do Exercício 9-1, determine quanto dinheiro você poderia poupar economizando uma hora em cada dia de trabalho ao longo do próximo ano. Pense em alguma coisa que você poderia comprar com o dinheiro que desperdiça com o tempo perdido.

Capítulo
10

Como remover o maior obstáculo: você mesmo

Daniel Webster contou uma história da sua infância que descreve como algumas pessoas são desmotivadas. Daniel e o seu irmão, Ezekiel, estavam sentados certo dia à sombra quando o pai deles se aproximou.

"O que você está fazendo, Ezekiel?", perguntou o pai.

"Nada!", respondeu Ezekiel.

"Bem, o que você está fazendo, Daniel?"

"Ajudando Zeke!", foi a resposta informal.

Obviamente, Daniel Webster não passou o resto da vida "ajudando" alguém a "não fazer nada". Ele passou mais de cinquenta anos como um orador, advogado e político extremamente solicitado.

As pessoas se tornam conhecidas por aquilo que terminam, não pelo que começam.

OS MELHORES SISTEMAS DOS RATOS E DOS HOMENS...

Nada do que dissemos até agora neste livro funciona se ninguém agir! Os "melhores sistemas", os planos mais elaborados e as mais elevadas intenções de nada valem se ninguém realizá-los. Podemos ler livros motivacionais e ouvir palestras e vídeos motivacionais até que frases grandiosas comecem a sair da nossa boca como a água de uma cachoeira. No entanto, nada de valor acontece enquanto não fizermos alguma coisa com o que lemos e ouvimos.

A necessidade premente dos dias de hoje não é uma quantidade maior de conhecimento. A chamada "explosão do conhecimento" está se expandindo com tanta rapidez que mesmo que alguém conseguisse ler um livro por dia durante o restante da vida, ainda estaria mais de um milhão de anos atrasado na leitura quando morresse.

O que o mundo precisa é de ação; de uma ação construtiva da parte de pessoas inteligentes e de boa vontade!

EQUIPADO PARA O PODER...

"Quantos cavalos tem essa máquina?", perguntei ao homem que acabara de desligar uma escavadeira, que estivera demolindo uma casa velha como se ela fosse feita de palha.

"Ela tem sessenta cavalos", respondeu ele casualmente.

"Só sessenta?", exclamei.

"Você está surpreso, não é mesmo?", declarou o homem rindo disfarçadamente, com aquele olhar que dizia que já presenciara antes esse tipo de reação. "Aposto como você está pensando que o seu Mercedes tem mais do que o dobro de cavalos", comentou ele, pensativo.

"Você está certíssimo", repliquei.

"Não é só isso", prosseguiu ele; "o seu carro correrá pelo menos quarenta vezes mais rápido e rodará cerca de dez vezes o número de quilômetros por litro de combustível."

"Mas o meu carro não demolirá prédios", ponderei.

"O segredo está na transmissão", explicou o homem. "Esta maravilha está equipada para a força. Veja bem: o que importa não é quanta força nós temos, e sim a maneira como a usamos!"

Ao ir embora, agradeci ao homem pela valiosa aula e fiquei com aquela frase na minha cabeça: *"O que importa não é quanta força nós temos, e sim a maneira como a usamos!"* Se levarmos em consideração o poder contido na nossa mente, na nossa personalidade, nos nossos talentos e habilidades, constataremos que cada um de nós tem mais poder do que poderíamos usar em qualquer momento. Quando liguei o motor do meu carro, prestei atenção ao ronronar macio da sua potência. Ocorreu-me em seguida que o carro ficaria parado o dia inteiro com o motor ligado e com o tempo ficaria sem combustível se eu não o engrenasse. Engatei a primeira marcha, pisei suavemente no acelerador e segui em direção ao meu destino.

Esse é o segredo, não é mesmo? *O poder é inútil se não o aplicarmos.* Uma vez que você entre em ação, o poder dentro de você o conduzirá ao seu destino. A ação destrava a porta do sucesso em qualquer empreendimento.

NÓS SOMOS O INIMIGO

Ocasionalmente, o grande filósofo da história em quadrinhos, Pogo, tem uma maneira de apontar o dedo (ou melhor, a "garra") exatamente para o problema. Certa vez, depois de tentar travar uma batalha que não existia, ele nos ofereceu o seguinte vislumbre: "Encontramos o inimigo, e o inimigo somos nós!". Thoreau disse a mesma coisa de uma maneira mais poética: "Enquanto o homem permanece um obstáculo no seu próprio caminho, tudo parece obstruí-lo". Em outras palavras, o maior obstáculo no nosso caminho em direção ao sucesso somos nós mesmos. Como aplicar o poder que reside dentro de nós para remover esse obstáculo é uma questão de considerável importância.

"Nido", disse uma jovem profissional de vendas que estava prestes a ser demitida pelos seus repetidos insucessos em cumprir as suas cotas, "eu sei tudo o que preciso saber a respeito de como me tornar uma boa profissional de vendas. Conheço a minha empresa e os seus produtos. Sei como vender. Conheço o meu território. Vou para as reuniões toda empolgada. Mas quando vou efetivamente à luta, simplesmente não consigo fazer nada."

Garanti a essa jovem que ela não era a única pessoa a se sentir dessa maneira. Eis algumas dicas que dei a ela para ajudá-la a direcionar a sua vida para as suas metas. Talvez você as considere proveitosas.

PRIMEIRA DICA
Motivação sem mobilização significa frustração

"Não fique aí parado! Faça alguma coisa!"

A resposta lógica para essa exclamação que frequentemente ouvimos é a seguinte: "O que devo fazer?".

Lamentavelmente (ou talvez felizmente), ninguém pode lhe dizer o que você deve fazer. Somente você sabe quais são as suas metas. Muitas pessoas que eu encontro estão frustradas porque desejam ser excelentes profissionais de vendas, excelentes secretárias ou excelentes gerentes, mas não sabem como remover os seus maiores obstáculos: elas mesmas. Elas estão *motivadas* mas não *mobilizadas.*

Mobilizar, segundo o dicionário, significa "colocar em ação ou movimento". A palavra, adaptada da terminologia militar, um dia transmitiu a ideia de "arregimentar as tropas para uma batalha específica". Os soldados disciplinados que vão para o combate têm dois objetivos principais: o primeiro é derrotar o inimigo, e o segundo, permanecer vivos. Essas prioridades talvez pareçam exatamente o oposto daquelas que a maioria de nós estabeleceria se estivéssemos indo para um combate. Entretanto, aqueles que colocam a causa e o país em primeiro lugar são com frequência chamados de "heróis" ou "patriotas". Aqueles que pensam principalmente na sua segurança são chamados de "covardes" ou "desertores".

Não estou querendo fazer de você um soldado, apenas ressaltar um princípio muito importante que pode mudar a sua vida: *O que fazemos é, com frequência, mais importante do que quanto fazemos!* Aqueles que adotam a música "Permanecer Vivo" como o seu lema, talvez façam exatamente isso, mas é duvidoso que um dia façam além disso. Se a sua preocupação na vida for permanecer tranquilo, fazer o que lhe dizem para fazer, fazer aquilo que o faz se sentir bem ou continuar a fazer apenas o que esperam que você faça, talvez você fique tão frustrado daqui a dez anos quanto está neste momento.

Todas as grandes realizações da história foram precedidas pelo imenso esforço do realizador de alcançar uma meta — independentemente do custo pessoal, da perda do bem-estar ou da opinião dos outros. Esses realizadores reuniram os seus recursos interiores e conferiram a eles um rumo específico para alcançar objetivos definidos. Acionaram o seu poder pessoal e o conduziram em direção à sua meta.

Mobilizar-se envolve três passos básicos:

1. Decidir o que você mais deseja realizar.
2. Determinar o primeiro passo para conseguir o que você quer.
3. Fazer a primeira coisa que o fará avançar em direção ao que você quer.

Vamos examinar mais detalhadamente esses três passos.

PRIMEIRO PASSO:
Decida o que você mais deseja realizar

Dedicamos um capítulo inteiro ao valor de definir metas e fazer com que elas funcionem. Talvez você até tenha feito o exercício no final do capítulo. Se não fez, recomendo com insistência que o faça agora. No entanto, se as suas metas já estão explicitadas, desmembradas em objetivos controláveis e reduzidas a tarefas específicas com prazos finais definidos, e ainda assim você não consegue começar a avançar em direção a essas metas, estas provavelmente não refletem direito o que você mais deseja fazer com a sua vida.

Um ministro da igreja certa vez se entrincheirou dentro de casa e ameaçou atirar em qualquer pessoa que tentasse se aproximar dele. O incidente desconcertou os membros da sua congregação porque eles o descreviam como um "ministro amoroso e dedicado" cujo único problema fora ter tido dificuldade em permanecer muito tempo nas suas três últimas paróquias. À medida que a história foi sendo desvendada, ficou claro que o homem só escolhera o ministério porque este era uma tradição de família, e não porque realmente desejasse seguir esse caminho. O que realmente queria, confessou mais tarde, era ensinar matemática em uma escola do ensino médio.

Que história triste, mas ao mesmo tempo tão conhecida! Um número excessivo de pessoas fica bloqueado, fazendo coisas que na realidade não deseja fazer; em seguida, tentam lidar da melhor maneira possível com uma situação desfavorável.

Provavelmente o fator mais decisivo para determinar se você irá ou não atingir as suas metas reside na intensidade do seu desejo de alcançá-las. *É importante que você esteja fazendo o que é importante para você.*

Mobilizar-se envolve focalizar, e manter em foco, precisamente o que deseja alcançar. As metas só têm valor quando são extremamente pessoais.

SEGUNDO PASSO
Determine o primeiro passo em direção ao que você quer

Se dar o primeiro passo de uma jornada é importante, então dar esse passo na direção certa também é importante. Imagine que problema a Nasa teria tido para recrutar astronautas para a sua primeira missão à Lua se não tivesse um plano traçado com clareza. "Decidimos que queremos ir à Lua", eles talvez tivessem dito. "Mas não temos muita certeza de como chegar lá. Vamos tentar algumas coisas para ver se funcionam. Poderemos perder algumas vidas nesse processo, mas esse é o preço que temos que pagar pelo progresso." Qualquer pessoa tola o suficiente para se inscrever nesse empreendimento provavelmente teria sido desqualificada por não ser inteligente. Em vez disso, a Nasa utilizou a abordagem oposta. Os administradores do programa desmembraram as suas metas em objetivos controláveis e planejaram com cuidado o primeiro passo que precisava ser dado.

Uma das principais razões pelas quais as pessoas não conseguem se mobilizar é o fato de tentarem fazer coisas notáveis. Quase todas as grandes realizações resultam de muitas pequenas coisas feitas em uma única direção.

Sonhar em ter um dia uma casa grande e bonita é uma coisa. Outra bem diferente é cavar as fundações para essa casa, fechar a venda que o levará para mais perto de poder dar a entrada na compra da propriedade, ou colocar dinheiro na poupança que só será usado para essa finalidade. Enquanto as nossas metas estiverem tão distantes que pareçam sonhos inúteis, não é provável que intensifiquemos o poder dentro de nós para estendermos em direção a elas.

Mobilizar-se envolve decidir o que você deseja e depois determinar o que fará com que você consiga o que quer. Isso nos conduz ao terceiro passo.

Terceiro passo: faça a primeira coisa que o fará avançar em direção à sua meta

Faça aquilo que conseguirá para você o que você quer. Faça *apenas* o que proporcionará a você o que você quer. "O nosso principal interesse não é ver o que se encontra indistinto a distância", declarou Thomas Carlyle, "e sim fazer o que está próximo e nítido." Muitas pessoas têm dificuldade de sair do ponto morto porque nenhuma das coisas que precisam fazer as aproximará das suas metas. Elas podem tentar estimular a si mesmas, mas nunca terão êxito porque esse estímulo se torna cada vez mais doloroso.

Até mesmo as tarefas mais rotineiras se tornam mais toleráveis quando sabemos que elas estão se aproximando da realização das nossas metas. Se você precisa estimular a si mesmo para se levantar da cama todas as manhãs, verifique se o que você está fazendo o dia inteiro o leva em direção às suas metas. William James, por exemplo, famoso psicólogo, frequentemente observava que "No momento em que qualquer coisa se torna pessoal, ela se torna a coisa mais importante do mundo". Para ilustrar essa afirmação, ele pedia aos seus alunos que examinassem um programa. O que poderia ser mais desinteressante do que um programa? No entanto, assinalava ele, quando estamos planejando uma viagem, é difícil encontrar algo mais interessante. A mudança tem lugar quando o programa entra na nossa vida de uma maneira pessoal.

Mas lembre-se de que nada funciona a não ser que você entre em ação! Faça aquilo que lhe proporcionará o que você deseja. Romper o padrão de fazer o que outra pessoa espera que você faça pode ser um pouco desagradável no início. Com frequência é preciso dar o primeiro passo antes que o segundo se torne claro. A incerteza e o risco são grandes impedimentos para a ação. Apenas confie o suficiente nas suas metas e na sua capacidade de alcançá-las para dar o primeiro passo. Quando você fizer isso, o segundo passo se tornará mais claro. Uma coisa parece relativamente certa: se o seu alvo for "nada", você acertará o tiro todas as vezes.

Para se mobilizar, decida o que quer, determine o que proporcionará isso a você, e depois aja — faça o que trará a você aquilo que mais deseja obter. Motivação sem mobilização significa apenas frustração.

SEGUNDA DICA
Mantenha a sua perspectiva dentro de uma perspectiva adequada

A maneira como você encara o que está diante de você frequentemente define se você irá avançar na direção certa ou continuar a não fazer nada para alcançar as suas metas. Por exemplo: "A única pessoa que se comporta de uma maneira sensata é o meu alfaiate. Ele tira novas medidas todas as vezes que eu o procuro. Tudo o mais vai embora com as antigas medidas". Davi poderia ter dito: "Golias é grande demais para que eu o enfrente com este pequeno estilingue". No entanto, aparentemente ele chegou à conclusão que o gigante era grande demais para que ele não conseguisse acertá-lo. Recentemente, vi um cartaz em um movimentado estabelecimento que dizia: "Ouvimos dizer que existe uma recessão; decidimos não participar dela". Gostei do que li!

"Perspectiva" é definida como "um ponto de vista". A palavra também significa "uma visão das coisas no seu verdadeiro relacionamento ou importância relativa". Eis algumas sugestões que o ajudarão a manter a sua perspectiva dentro de uma perspectiva adequada.

Primeira sugestão: aprenda a adotar uma visão de longo prazo

Devemos cultivar a arte de examinar os acontecimentos no devido relacionamento deles com toda a nossa vida. Com frequência uma coisa parece ser uma tragédia em um determinado momento, mas ela se torna apenas um incômodo secundário quando analisada no contexto da vida como um todo.

Às vezes, até mesmo problemas que podem gerar importantes dificuldades acabam se transformando em ocorrências bastante positivas. Por exemplo, certa vez em que eu estava em Enterprise, no Alabama, para dar uma palestra, me mostraram a marca registrada da cidade: uma grande estátua de um gorgulho do algodão.

"Por que um gorgulho?", perguntei.

"Há muitos anos", respondeu o meu anfitrião, "toda a economia de Enterprise se baseava no plantio do algodão. Éramos uma pequena comunidade agrícola sem nenhum futuro. Depois, anos a fio, o gorgulho do algodão exterminou toda a safra de algodão em um raio de muitos quilômetros. A população estava morrendo de fome."

"Uma pessoa se adiantou", prosseguiu ele, "e sugeriu que a cidade diversificasse a sua cultura agrícola e tentasse atrair algumas indústrias. Foi exatamente isso o que aconteceu, e você está vendo o resultado: uma economia próspera e diversificada. Não fosse o gorgulho do algodão, ainda estaríamos presos a essa cultura. O gorgulho é o nosso herói!"

Se você pudesse contemplar a sua vida de um avião, como se fosse uma estrada, muitos dos desvios e curvas fariam muito mais sentido. O valor de adotar a visão de longo prazo é que ela possibilita que você encare os problemas como oportunidades e rejeite a diversão momentânea para perseguir uma meta que valha a pena.

Segunda sugestão: aprenda a adotar o ponto de vista positivo

"Dois presos olharam através das grades da prisão: um deles só enxergou lama, o outro avistou as estrelas."

Existem dois tipos de pessoas no mundo; as otimistas e as pessimistas. Se mostrarmos um copo d'água às duas, a pessimista dirá que ele está parcialmente vazio e a otimista dirá que ele está cheio até a metade. Os pessimistas dizem: "Não consigo", de modo que nem tentam. Os otimistas dizem: "Eu consigo" e pelo menos tentam. Alguém certa vez disse, com muita propriedade, que "Não consigo" na realidade significa "Não vou tentar!"

Adotar a visão positiva exige mais do que simplesmente expulsar os pensamentos negativos, embora isso seja uma parte importante do processo. Informações positivas precisam substituir os pensamentos negativos. Na verdade, a maneira mais rápida de expulsar estes últimos é alimentar a sua mente com pensamentos positivos para que não haja mais espaço para os negativos. As pessoas que adotam a visão positiva veem o mundo como um lugar benéfico. Elas buscam o bem nas pessoas e nas situações, e agem com fé e esperança.

Terceira sugestão: concentre-se nos seus ganhos

Quase todos nós temos a tendência de reagir mais à dor do que ao prazer. Por conseguinte, nos inclinamos a sentir com mais intensidade as nossas perdas, fracassos e dificuldades do que as nossas vitórias, ganhos e alegrias. Você provavelmente faz isso melhor do que imagina, só não consegue se lembrar de quanto é competente.

Eis uma maneira de manter a perspectiva adequada: faça o acompanhamento das suas vitórias. Anote os seus "ganhos" em uma lista, e mantenha-a onde você possa examiná-la com frequência. Colecione *souvenirs* das suas vitórias, inclusive fotografias, recortes de jornais, prêmios e outros semelhantes. Você poderá se surpreender com a quantidade de coisas desse tipo que vai legitimamente reunir.

Lembre-se de que é sempre mais fácil "amaldiçoar a escuridão" do que "acender uma vela".

Quarta sugestão: aprenda a ser flexível

Um gigantesco arranha-céu pode oscilar entre 1,8 e 2,4 metros nas duas direções. Sem essa flexibilidade, ele se romperia sob a força de um vento forte. Analogamente, as pessoas que "se casam" com um único ponto de vista tendem a ficar cada vez mais assustadas com qualquer coisa que pareça ameaçar essa posição. A criatividade na hora de resolver problemas e tirar vantagem das oportunidades que se apresentam é com frequência diretamente proporcional à sua flexibilidade.

Muitos pecuaristas, por exemplo, se queixavam do crescente custo da eletricidade e do desprazer do processo de se desfazer de todo o fertilizante produzido pelas suas vacas. No entanto, os irmãos Waybright, que dirigiam com o cunhado a Mason Dixon Farms perto de Gettysburg, na Pensilvânia, decidiram parar de reclamar e começar a gerar — estou falando de eletricidade. Construíram um gerador de energia que utiliza o metano produzido pelo esterco aquecido das vacas do seu rebanho de duas mil cabeças. Com esse gerador, eles conseguiram reduzir a sua conta anual de energia elétrica de 30 mil para 15 mil dólares.

A inflexibilidade fez com que os criadores da vizinhança achassem graça do projeto e o chamassem de "Maluquice Waybright". Mas ninguém mais está rindo. Na realidade, ministros da agricultura do mundo inteiro, congressistas e pecuaristas estão afluindo para a fazenda Waybright a fim de conhecer o processo. Os irmãos Waybright esperam vender, em breve, parte do excesso de energia para os seus vizinhos. E isso não é papo furado!

TERCEIRA DICA
Controle as suas emoções; não deixe que elas o dominem

O viciado em drogas, o alcoólatra e o criminoso habitual têm uma coisa em comum: deixaram que os seus sentimentos os dominassem.

"Não me sinto nem um pouco diferente do que eu me sentia quando cheguei aqui", me disse uma jovem no encerramento de um dos meus seminários motivacionais. "Creio que não sou talhada para ser uma pessoa altamente motivada. Li um número enorme de livros, e nem sei quantas fitas já ouvi, de modo que conheço todos os motivos para me tornar uma pessoa realmente dinâmica e empreendedora... mas simplesmente não tenho vontade de fazer nada!"

Quando ela dissertou a lista de livros que tinha lido, ficou óbvio que ela deixara de captar a maior parte do que os autores haviam dito.

"O que você fez com o que leu?", perguntei.

"Tentei modificar a minha atitude", afirmou a jovem, "mas tenho que ser sincera comigo mesma; simplesmente não me sinto nem um pouco diferente!"

"A maneira como você se sente tem pouco a ver com o seu sucesso ou fracasso", declarei.

"O que você quer dizer com isso?", perguntou ela.

"Se eu lhe entregasse um envelope e dissesse que ele continha um milhão de dólares, você o devolveria para mim sem abri-lo e diria que ele não parece conter um milhão de dólares?", perguntei.

"Não!", respondeu rápido a jovem, "eu o abriria para ver se você estava dizendo a verdade!"

Depois de um longo intervalo, um sorriso brotou nos seus lábios.

"Agora eu entendo!", declarou a jovem com um olhar triunfante. "Eu só saberia se era verdade se fizesse a verificação, independentemente de como eu me sentisse!"

As nossas emoções são os nossos recursos menos confiáveis e, com frequência, os mecanismos de percepção mais enganadores. O que os antigos e sábios mestres nos disseram de mil maneiras se reduz ao seguinte: *é mais fácil primeiro agir para poder se sentir como você deseja se sentir do que primeiro ter o sentimento que o levará a agir como você deseja agir!* Em outras palavras, *controle os seus sentimentos; não deixe que eles o dominem:*

- Se você só trabalhar nos dias em que sentir vontade de fazê-lo, você nunca será grande coisa.
- Se você só der o melhor de si quando sentir vontade de dar o melhor de si, o seu trabalho provavelmente será bastante corriqueiro.
- Se você assumir o controle das suas emoções, elas trabalharão a seu favor e não contra você.

Cuidado com aquela armadilha

Mark Twain deu certa vez um excelente conselho a um grupo de jovens que estavam trabalhando para alcançar metas ambiciosas. "Mantenham-se afastados das pessoas que tentam menosprezar as suas ambições", disse ele. "As pessoas tacanhas sempre fazem isso, mas as que são realmente notáveis fazem com que vocês sintam que também podem se tornar notáveis." Se você deseja ser bem-sucedido, conviva e converse com pessoas bem-sucedidas.

QUARTA DICA
Faça o tempo trabalhar para você e não contra você

A maneira como você usa o seu tempo hoje é importante, porque você está trocando um dia da sua vida por isso. "Lembre-se", disse certa vez Thomas A. Kempis, "de que o tempo perdido não retorna."

Matar o tempo envolve um árduo trabalho. O tempo voa quando estamos nos divertindo — ou seja, quando estamos ativamente envolvidos em perseguir metas que valem a pena — mas pode se arrastar quando estamos simplesmente matando o tempo — executando um trabalho improdutivo ou simplesmente olhando as horas passarem. No entanto, acho impressionante como algumas pessoas se esforçam para matar o tempo.

Comece Cedo Todos os Dias. "As primeiras horas da manhã são de ouro", declarou Benjamin Franklin.

Você já notou que os primeiros momentos do dia determinam um padrão para o restante do dia?" "Dormi demais esta manhã", disse um comediante, "e na pressa de fazer as coisas, queimei a torrada, derramei café no meu terno e me cortei enquanto fazia a barba. O cachorro do vizinho me mordeu quando eu corria para o carro, que não quis pegar... A partir daí, tudo deu errado no resto do dia!"

Para algumas pessoas, cada manhã é "a manhã seguinte a uma farra".

Como é diferente quando acordamos cedo, renovados, depois de uma boa noite de sono, com algo estimulante para fazer! Isso nos dá tempo de saudar Deus, dar as boas-vindas ao novo dia com todas as suas emocionantes possibilidades, e entrar em contato com os recursos interiores que nos permitem enfrentar as desafiantes perspectivas que temos diante de nós. Gosto de saudar o dia com o sentimento expresso no antigo ditado: "Este é o primeiro dia do resto da minha vida". O dia de ontem, com todas as suas inquietações e preocupações, terminou quando adormeci ontem à noite. Hoje é um novo dia, uma página em branco na qual posso escrever alguns momentos de qualidade, se ao menos eu tentar.

O melhor momento para remover o seu maior obstáculo — você mesmo — é a hora em que você acorda.

Permaneça em Movimento. Faça a inércia trabalhar para você! "Existe uma situação ou circunstância que exerce uma influência maior na felicidade da vida do que qualquer outra", afirmou John Burroughs, "que é permanecer em movimento." Ele compara a nossa vida a uma corrente de água. "Se ela parar, fica estagnada", conclui ele.

Lembre-se de que um corpo em movimento tende a permanecer em movimento, na mesma direção, e a uma velocidade constante, a não ser que seja afetado por uma força externa. Por exemplo, os especialistas nos dizem ser necessário menos combustível para manter um carro andando, uma vez que ele esteja em movimento, do que para dar a partida. Talvez um dos motivos pelos quais as pessoas ficam tão cansadas no fim do dia é o fato de usarem um excesso de "combustível" para dar a partida depois de um sem número de paradas durante o dia.

Saiba o que Fazer em Seguida. Um dos segredos para manter a vida em movimento é sempre saber o que vamos fazer em seguida. Um bom exemplo é o do grande escritor que confessou ser um papel em branco na máquina de escrever a coisa mais difícil. Assim sendo, ele desenvolveu um plano para resolver o problema. Todos os dias, quando estava prestes a parar de escrever, deixava um papel na máquina com uma frase incompleta. Na manhã seguinte, a primeira coisa que fazia era terminar a frase. Depois disso, ele logo se absorvia inteiramente no que estava escrevendo e tinha um dia bastante produtivo.

Uma lista de "coisas a fazer", uma tarefa impecavelmente empilhada na sua mesa ou um cronograma atendem à mesma finalidade. Como a confusão é um dos maiores obstáculos à ação, é sempre proveitoso saber o que você precisa atacar em seguida assim que conclui cada tarefa.

QUINTA DICA
Tome a iniciativa

Você é um termômetro ou um termostato? O termômetro apenas reflete a temperatura do ambiente, ajustando-se à situação. Já o termostato inicia a ação destinada a modificar a temperatura do ambiente. Analogamente, os perdedores apenas se adaptam à sua situação. Eles fazem o que é esperado deles. Reagem ao ambiente. Já os vencedores decidem o que precisa ser feito e agem. Eles impelem as suas energias em vez de ser impelidos por elas. Aprendem a empurrar as coisas em direção a um final bem-sucedido e depois avançam para a tarefa seguinte.

Evite Justificativas. Os vencedores criam as suas metas; os perdedores arranjam justificativas. Examine algumas das justificativas clássicas que as pessoas usam para explicar por que não tomam a iniciativa:

1. Eu não sabia o que você queria.
2. Eu não sabia que você precisava disso de imediato.
3. Eu não sabia como fazer isso.
4. Estou esperando uma autorização.
5. Isso não é minha função.
6. Vou esperar até o chefe voltar.
7. Eu me esqueci.
8. Não é assim que sempre fizemos isso.
9. Simplesmente não encontrei tempo.
10. Eu poderia fazer errado.

As pessoas bem-sucedidas, que tomam a iniciativa, buscam a responsabilidade. Correm riscos calculados. Não arranjam justificativas para encobrir a sua inatividade.

SEXTA DICA
Dê tudo de si a tudo que você faz

O dr. Peale estava certo! O entusiasmo faz a diferença! Na realidade, Ralph Waldo Emerson disse o seguinte: "Nada jamais foi alcançado sem entusiasmo". E W. H. Sheldon declarou: "A felicidade é basicamente um estado de ir a algum lugar com o coração aberto".

O que é Entusiasmo? Entusiasmo é mais do que uma "palavra da moda" para os palestrantes e autores motivacionais. É um modo de vida para as pessoas de sucesso. "Desde quando me lembro", confessou Samuel Goldwyn, o famoso produtor de Hollywood, "o que quer que eu estivesse fazendo no momento era a coisa mais importante do mundo para mim... Descobri que o entusiasmo pelo trabalho é o ingrediente mais importante de qualquer receita para uma vida bem-sucedida."

Entusiasmo é:
Uma força positiva que faz as coisas acontecerem
   Um pedido de atenção gracioso e educado
      Um método de diplomacia e persuasão
         Espírito de cooperação
           Encantamento com a vida

A palavra entusiasmo deriva de um vocábulo grego que significa "inspirado". Nos dicionários modernos ela é definida como: "Um sentimento caloroso: ávido interesse: fervor". Para entender o entusiasmo, imagine um artista fazendo o esboço de uma bela cena pastoril ao pôr do sol. Quando o esboço é concluído, ele está proporcionalmente correto, os seus detalhes são precisos e o contraste é acentuado. No entanto, o esboço é sem graça e desinteressante porque carece de cor, sombreado e calor. Em seguida, o artista habilidoso pega os pincéis e faz o jogo de luz e sombra, acrescenta cores e matizes, e pinta com intensidade e sentimento. De repente, a cena adquire vida.

O entusiasmo é a cor da inspiração e da coragem. É a luz da criatividade e do discernimento. É a profundidade da emoção e o sentimento do propósito.

O entusiasmo possibilita que você remova o seu maior obstáculo: você mesmo!

Como Obter Entusiasmo? Vince Lombardi é um nome que é sinônimo de entusiasmo na vida americana. Quando ele assumiu o cargo de técnico dos Green Bay Packers, eles estavam no fundo do poço. Em 1958, perderam dez de doze jogos, empataram um e ganharam um. Quando voltaram ao campo em 1959, os jogadores foram recebidos por um novo técnico, Vince Lombardi.

"Cavalheiros, nós vamos ter um time de futebol", declarou o novo técnico, segundo um artigo publicado na revista *Guideposts Magazine*. "Vamos ganhar alguns jogos. Ponham isso na cabeça!"

Mas como eles iriam fazer isso?

"Vocês vão aprender a bloquear, correr e atacar", afirmou ele. "Vão jogar melhor do que todos os times que enfrentarem."

Nesse momento, ele apresentou o argumento decisivo!

"Vocês devem ter confiança em mim e sentir entusiasmo pelo meu sistema", determinou ele. "Daqui em diante, quero que vocês só pensem em três coisas: na sua família, na sua religião e nos Green Bay Packers! Deixem que o entusiasmo tome conta de vocês!"

O que se seguiu é uma prova de que "o entusiasmo é contagiante". Ele de fato tomou conta deles. Eles venceram sete jogos na temporada seguinte, praticamente com os mesmos jogadores. No ano seguinte, ganharam o título na sua divisão, e no terceiro ano venceram a final do campeonato. Esse time é frequentemente chamado de a "grande dinastia" do futebol americano profissional.

Um Dia de Cada Vez. Se você estiver tendo dificuldade para começar, escolha a tarefa mais importante e exequível disponível. Em seguida, deixe que ela se torne o centro da sua atenção. Apenas hoje, dê a ela tudo o que você tem! Depois, faça a mesma coisa amanhã. Com o tempo, isso se tornará um padrão belo e emocionante que produzirá resultados incríveis.

O MOMENTO É AGORA, A PESSOA É VOCÊ

Se você anda esperando uma oportunidade melhor, um emprego melhor ou um melhor conjunto de circunstâncias, reconheça que a espera é uma rua sem saída. Estou certo, por exemplo, de que você já topou com as pessoas bem vestidas que se aproximam dos transeuntes na rua e pedem um donativo. "Estou esperando uma pessoa que me deve dinheiro e que vai chegar no próximo trem", dizem elas. "Você pode me emprestar uns trocados para que eu possa comer alguma coisa?", pedem elas. Essas cenas contêm duas coisas bem tristes. A primeira é que muitas dessas pessoas efetivamente parecem acreditar no que estão dizendo, mas por alguma razão a pessoa que lhes deve dinheiro nunca aparece. A segunda é que a atitude delas não é diferente da de muitas pessoas que encontro nos meus seminários e nas firmas que me contratam como consultor. Sempre encontramos pessoas que estão esperando que a oportunidade bata à sua porta.

Os perdedores esperam que alguma coisa aconteça, os vencedores fazem com que as coisas aconteçam! Os vencedores tomam a decisão de assumir o controle da vida em vez de deixar o seu futuro entregue a circunstâncias ou situações nas quais se encontram. Se você deseja remover o seu maior obstáculo, compreenda que o obstáculo é você mesmo e que o momento de agir é agora! Concentre-se em desenvolver o hábito do sucesso e crie uma atmosfera de sucesso à sua volta!

Lembre-se de que é bom que o que quer que o esteja impedindo de atingir a sua meta de hoje seja importante, porque está custando um dia da sua vida!

Neste exercício, você tem a oportunidade de colocar em prática os pontos sobre os quais falamos neste capítulo.

1. Escreva o primeiro passo que você precisa dar para começar a avançar em direção à sua maior meta.

---

2. Relacione os três maiores motivos pelos quais você não deu esse passo até hoje:

3. Agora escreva uma estratégia para superar cada um dos três motivos:

4. Escolha uma data-alvo para concluir a implementação de cada uma das três estratégias:

Exercício 10-1. Os passos a serem dados

Capítulo

11

Como pegar um ladrão

O que você faria se se visse na seguinte situação?

Ao voltar para casa hoje, você percebe que alguém esteve lá na sua ausência — um intruso, um ladrão! Você vasculha rapidamente os seus pertences e descobre que uma única coisa de valor está faltando. Embora zangado, sente-se aliviado porque nada mais foi roubado. Além disso, raciocina você, o item furtado está coberto pelo seguro.

Mas amanhã à noite você descobre que o ladrão voltou e roubou mais uma coisa de valor. A essa altura você está furioso, mas ainda está coberto pelo seguro. Noite após noite você volta para casa e constata, a cada dia, que o ladrão voltou e roubou algo de valor. Logo o seu seguro é cancelado, de modo que cada coisa que o ladrão leva custa caro para você. Além disso, ressente-se do furto dos haveres que adquiriu com esforço. Os seus vizinhos dizem que nunca veem o ladrão. E a polícia está perplexa.

A pergunta é: O que você faria?

Você telefona para uma firma de investigação particular e pergunta se eles podem ajudá-lo.

"Sem dúvida", declara o detetive chefe. "Tenho seis investigadores que colocarei imediatamente no seu caso. Eles se chamam Quem, O que, Quando, Onde, Por Que e Como. Eles conseguem apanhar qualquer ladrão!"

Recorrendo a esses seis detetives, vamos ver se conseguimos capturar o ladrão que rouba uma coisa bem mais valiosa do que objetos da sua casa — embora esse ladrão sempre roube dinheiro e coisas que o dinheiro pode comprar. Quem é o ladrão? *A procrastinação!* Vamos examinar como a procrastinação nos rouba e o que podemos fazer para que ela pare.

QUEM PROCRASTINA?

Em primeiro lugar, quem *procrastina?* Lamentavelmente, quase todos nós protelamos coisas que sabemos que precisamos fazer, bem como coisas que queremos fazer. De alguma maneira convencemos a nós mesmos que teremos mais tempo mais tarde ou que a tarefa será mais fácil em outra ocasião. Mas nunca parecemos ter mais tempo, e a dificuldade da tarefa é geralmente proporcional ao tempo que esperamos para executá-la.

Para algumas pessoas, procrastinar torna-se um modo de vida. Como exemplo, um homem encontrou um velho tíquete de sapato em uma gaveta que ele estava limpando. Por mais que tentasse, não conseguiu se lembrar do par de sapatos a que ele se referia, de modo que chegou à conclusão de que o tíquete deveria ter vários anos. Por curiosidade, colocou o papelzinho no bolso e, a caminho de casa naquela tarde, parou no sapateiro. Sem dizer uma palavra, entregou o tíquete ao sapateiro. O velho examinou o tíquete durante um minuto, foi até a sala dos fundos arrastando os pés e logo voltou.

"Estarão prontos na quarta-feira!", anunciou com o seu sorriso sereno de costume.

Um diretor de empresa me disse recentemente que tinha vontade de promover um jovem e brilhante profissional de vendas que trabalhava para ele.

"No entanto", me disse ele, "ele nunca termina nada. A mesa dele está cheia de relatórios inacabados, a sua folha de registro está repleta de telefonemas que ele *pretendia* dar e ele sempre vai responder aos meus memorandos *amanhã!*"

Enquanto escutava esse executivo, compreendi que existem muitas moças e rapazes que poderiam realmente chegar a algum lugar se rompessem o hábito de procrastinar.

A procrastinação representa um grande problema para você? Somente você pode responder a essa pergunta porque só você sabe com que frequência adia as coisas. Além disso, a procrastinação é um problema que apenas você pode resolver. *Mas pode resolvê-lo!*

Algumas das principais personalidades da vida americana alcançaram um grande sucesso porque resolveram o problema da procrastinação. O dr. Norman Vincent Peale descreve, em *O Poder do Pensamento Positivo,* como a procrastinação quase o esmagou até que ele resolveu fazer alguma coisa. Eis a fórmula do dr. Peale para acabar com a procrastinação.

1. Escolha uma área na qual a procrastinação o esteja acossando e derrote-a.
2. Aprenda a estabelecer prioridades e concentre-se em um único problema de cada vez.
3. Determine prazos finais para si mesmo.
4. Não evite os problemas mais difíceis.
5. Não se deixe paralisar pelo perfeccionismo. Se você adiar tudo até estar bem seguro, você nunca fará nada.

O QUE É PROCRASTINAÇÃO?

Embora a procrastinação seja uma ladra do tempo, ela é mais do que isso. É um hábito detestável que nos priva do nosso amor-próprio e do respeito dos outros, que custa muito dinheiro às empresas e que fecha a porta para as oportunidades.

A procrastinação não apenas embaraça a nossa carreira, como também prejudica a nossa vida pessoal. Com frequência, uma palavra de estímulo a um amigo que está enfrentando um desafio de alguma maneira nunca chega a ser proferida. Um elogio que pretendíamos fazer nunca chega a ser expresso. Ou então acabamos nunca praticando aquele ato de amor que tínhamos a intenção de praticar. A procrastinação rouba essas coisas de nós e daqueles que poderíamos ter ajudado.

O que é procrastinar? É adiar para mais tarde qualquer coisa que você precise ou deseje fazer — sem que haja uma razão válida para que você faça isso.

QUANDO PROCRASTINAMOS?

Para alguns de nós, receio que a resposta a essa pergunta seja "com excessiva frequência!" Os despertadores do tipo *snooze*, que voltam a tocar de tantos em tantos minutos, por exemplo, fazem com que muitas pessoas comecem o dia em ritmo de procrastinação. Eles nos deixam dormir mais cinco minutos, depois mais cinco minutos, e depois ainda mais cinco minutos. Parecem ser populares porque uma enorme quantidade deles foi vendida nos últimos anos. Qualquer dia que comecemos deitados na cama — planejando nos levantar mais tarde — sem dúvida será um dia para adiar as coisas. Uma vez que o padrão seja determinado, é difícil rompê-lo.

Eis algumas dicas que podem ajudá-lo a começar bem cada manhã e continuar a combater a procrastinação o dia inteiro:

1. *Prepare-se para o dia seguinte antes de se deitar.* Antes de ir para a cama, organize tudo o que você precisa para a manhã seguinte. Defina uma rotina fixa para começar a cada manhã para que você não precise tomar decisões logo cedo. Assim que acordar, fique animado com uma coisa positiva que irá acontecer ao longo do dia.
2. *Tenha uma boa noite de sono.* Conceda bastante tempo a si mesmo. Vá para a cama com o estômago e a mente vazios. Um excesso de comida ou bebida à noite o deixará inquieto. Adquira o hábito de esvaziar a mente enquanto esvazia os bolsos, para poder descansar sem preocupações.
3. *Use corretamente o despertador.* Acerte-o para a hora que você precisa se levantar, e faça isso quando ele tocar.
4. *Exercite-se logo que acordar.* Não há nada melhor do que uma série vigorosa de exercícios para fazer o sangue circular e o corpo ficar preparado para as atividades do dia.
5. *Saúde o dia da maneira que mais lhe agradar.* Algumas pessoas consideram o despertar uma experiência perturbadora e precisam começar devagar. Outras sentem que podem começar o dia em um ritmo acelerado e preferem fazer exatamente isso. Descubra o padrão mais adequado a você e mantenha-se fiel a ele.

6. *Reserve algum tempo logo cedo para entrar em contato com os seus recursos interiores.* Fazer isso o ajuda a preencher a mente com pensamentos positivos antes que ela tenha tempo de seguir o padrão natural de antever com receio os problemas do dia.
7. *Planeje o seu dia inteiro e permaneça fiel ao seu plano.* Ter cada minuto planejado, embora você talvez precise colocar de lado os seus planos várias vezes por dia, é melhor do que estar sempre se perguntando o que vai fazer em seguida.

A única maneira de derrotar a procrastinação é mandar brasa desde o momento do despertar e permanecer dinâmico o dia inteiro, todos os dias!

ONDE PROCRASTINAMOS?

Essa pergunta pode parecer estranha porque algumas pessoas parecem procrastinar em todos os lugares. No entanto, o desprazer parece estar associado bem de perto à procrastinação. Conversei com um homem que tinha sido extremamente empreendedor e dinâmico quando era um profissional de vendas atuante. Era tão competente que o promoveram a gerente regional de vendas. Como executivo, ele descobriu que passava a maior parte do tempo planejando o que iria fazer em seguida.

Enquanto conversávamos, descobriu que adorava vender, mas odiava ser colocado em uma posição na qual tinha que tomar decisões o dia inteiro. Por esse motivo, ele protelava essas decisões. Quanto mais ele contemplava essas decisões, maiores elas se tornavam, até que era massacrado. Contei a ele um antigo ditado: "Se você precisa engolir um sapo-boi, não olhe para ele por um tempo excessivo ou ele fica grande demais para você engoli-lo!"

Todos temos a tendência de procrastinar sempre que precisamos fazer escolhas desagradáveis. Se temos a possibilidade de modificar essas situações, temos a obrigação para com nós mesmos — e para com aqueles que nos cercam — de modificá-las. Se não pudermos mudar as circunstâncias desagradáveis, a melhor maneira de ajudar a nós mesmos é fazer o que precisa ser feito o mais rápido e da melhor maneira possível.

POR QUE PROCRASTINAMOS?

"O homem que espera que um pato assado voe para dentro da sua boca precisa esperar um longo, longo tempo", diz um antigo provérbio chinês.

Nunca conheci uma pessoa que gostasse de protelar as coisas, ou dos resultados de protelá-las, mas conheci muitas pessoas que o fazem. Se não gostamos disso, e nem dos seus efeitos, por que então tantos de nós o fazemos com extrema frequência?

Vamos olhar além das frágeis desculpas e justificativas que a maioria de nós apresenta para ver se conseguimos descobrir alguns dos verdadeiros motivos que estão por trás dos nossos hábitos de procrastinação.

1. Enganamos a nós mesmos convencendo-nos de que teremos mais tempo depois. Essa tendência é especialmente verdadeira se a tarefa que estivermos adiando for de grande monta. No entanto, ela também se manifesta nas pequenas coisas, como quando não colocamos os objetos de volta no lugar quando acabamos de lidar com eles. Mais cedo ou mais tarde, temos que enfrentar as consequências, e em geral a tarefa fica maior mais tarde do que teria sido no começo.

2. Elas não parecem importantes agora. Talvez os resultados estejam distantes demais para que os consideremos importantes na ocasião. Talvez estejamos de tal maneira ocupados fazendo outras coisas que protelamos essas tarefas até que se tornem mais urgentes. Ou, às vezes, simplesmente não estamos envolvidos com elas. Algumas pessoas procrastinam tanto que tudo o que conseguem fazer é correr de um lado para o outro como bombeiros o dia inteiro — apagando incêndios que para início de conversa não deveriam ter começado.

3. Não estamos sendo pressionados para concluir nada. Muitas pessoas são tão indisciplinadas que, a não ser que alguém as esteja pressionando para concluir uma tarefa, elas simplesmente não a consideram uma prioridade. Quando são pressionadas, sentem que estão sendo exploradas.

4. Protelamos as tarefas porque elas parecem desagradáveis, difíceis ou enfadonhas. Quando receamos fazer alguma coisa, geralmente é mais fácil

— no momento — apresentar uma justificativa. Lamentavelmente, quase todos descobrimos que o medo é contraproducente porque quanto mais tememos a tarefa, pior ela parece.

A última desculpa é, de longe, a mais comum. Temos medo de fazer uma coisa, de modo que a adiamos. Todas as outras razões geralmente se reduzem a variações das quatro que acabam de ser expostas.

Uma simples operação aritmética pode nos ajudar a perceber a insensatez de enganar a nós mesmos a respeito da procrastinação. Digamos que temos uma tarefa que provavelmente levará uma hora para ser concluída, e nós a adiamos por duas semanas. Quase todos nós ficaremos preocupados a respeito do que precisaremos fazer, de um modo intermitente, pelo menos dez minutos por dia. Acrescentemos alguns minutos pelo tempo adicional que levaremos para executar a tarefa porque deixamos que ela se acumulasse. Somemos o tempo que passamos preocupados, o tempo adicionado pelo atraso, o tempo original necessário e teremos conseguido transformar uma tarefa de uma hora em uma de três horas e meia. Mas essa não é a pior parte. O esgotamento emocional da preocupação suga a energia de que precisamos para executar outras tarefas que estamos tentando concluir.

Então por que procrastinamos? Porque isso se torna um hábito.

COMO PROCRASTINAMOS?

Você é como o homem que disse: "Decidi mil vezes parar de protelar as coisas, mas acabo nunca conseguindo fazer isso"? O interessante a respeito da procrastinação é que ela tem mais a ver com o que deixamos de fazer do que com o que fazemos. Em geral, isso significa que simplesmente deixamos de agir de acordo com alguma coisa que sentimos que deveríamos fazer. Na realidade, a maneira como quase todos procrastinamos é não fazendo nada com relação a uma coisa a respeito da qual deveríamos estar fazendo algo. Esperamos que as condições mudem, que surja uma oportunidade melhor, que a tarefa se torne menos urgente. Sobretudo, esperamos até ter mais vontade de executá-la.

Lembre-se de que assumir o comando da sua vida significa que você controla as suas emoções em vez de permitir que elas o controlem.

PRENDA O LADRÃO

Dissemos que a procrastinação é um hábito detestável. Protelar as coisas raramente tem sido associado a uma vitória. São os perdedores que esperam que as coisas aconteçam. Os vencedores no jogo da vida fazem as coisas acontecerem.

É claro que não estamos falando de retardar uma medida por um motivo válido. É melhor adiar algumas delas. Por exemplo, uma campanha contra a procrastinação teve certa vez um efeito contrário ao desejado. O gerente de um grande escritório chegou à conclusão que coisas demais estavam sendo proteladas, de modo que colocou um grande pôster no escritório que dizia: "FAÇAM AGORA!" Na semana seguinte, o chefe da contabilidade evadiu-se com 100.000 dólares, dois executivos juniores deram o aviso prévio para ir trabalhar com concorrentes, a secretária do chefe anunciou que estava grávida e um funcionário cometeu suicídio.

É desnecessário dizer que o pôster foi retirado!

Às vezes existem motivos válidos para adiar uma medida. Esperar — mas não procrastinar — tem sentido quando precisamos ter mais informações para poder agir, quando uma determinada medida causaria um dano desnecessário a uma pessoa ou quando as condições simplesmente não estão corretas. Nesses casos, uma espera intencional torna-se uma ação positiva. A procrastinação é o adiamento *desnecessário* de uma tarefa que deveria ser executada de imediato.

Como deter o ladrão?

Eis algumas algemas que você pode usar:

1. Organize-se e permaneça organizado. Aprenda a programar as suas tarefas, estabelecer prazos finais para si mesmo e para os outros, e viver de acordo com as suas programações. Assuma compromissos consigo mesmo de iniciar projetos importantes em ocasiões específicas e cumpra fielmente esses compromissos.

2. Exercite a autodisciplina. Tome a decisão de que você vai adotar e viver de acordo com a atitude "faça agora" em cada tarefa válida.

3. Anote por escrito as tarefas que estão sendo proteladas há um tempo excessivo e estabeleça uma data-alvo para começar e terminar cada uma delas. Inicie uma série de medidas que o levarão ao hábito de concluir as coisas na data prevista.

4. Aprenda a ser resoluto com relação às tarefas. Aprenda a decidir se vale ou não a pena executar uma tarefa e aja de acordo com essa decisão. Se não valer a pena executá-la, esqueça-a; não deixe que ela atravanque a sua vida. Se ela valer a pena, anote-a nos seus planos e execute-a!

Faça uma lista de pelo menos cinco coisas que você vem adiando para depois e defina uma data-alvo para começar e terminar cada uma delas:

1. Tarefa _____ Início _____ Fim_____

2. Tarefa _____ Início _____ Fim_____

3. Tarefa _____ Início _____ Fim_____

4. Tarefa _____ Início _____ Fim_____

5. Tarefa _____ Início _____ Fim_____

Exercício 11-1. Detendo a procrastinação

Parafraseando o Urso Smokey*: "Somente você pode ajudar a erradicar a procrastinação".

Vá em frente... o que você está esperando?

---

* Urso que fazia parte de uma campanha de prevenção de incêndio nas florestas lançada em 1944 nos Estados Unidos, uma das campanhas mais longas do mundo. (N. da T.)

Capítulo
12

Liderança: a tarefa do vencedor

"Poucas pessoas são bem-sucedidas a não ser que muitas outras desejem que elas o sejam", declarou Charlie Brower. Como essa afirmação é verdadeira! Quer alguém seja um professor, um advogado, um profissional de vendas, um artista ou um executivo, o seu sucesso na vida depende em grande medida da capacidade de aliciar a ajuda de outras pessoas para atingir as suas metas. Além disso, se incluirmos a felicidade nos planos de sucesso, essa felicidade está fortemente relacionada com a capacidade de garantir que outras pessoas extraiam alguma coisa do relacionamento delas conosco.

TRÊS TIPOS DE PESSOAS

Alguém observou que existem basicamente três tipos de pessoas:

1. Aquelas que, ao se verem diante de uma situação crítica, são capazes de determinar o que precisa ser feito, sugerir uma maneira de fazê-lo e efetivamente colocá-la em prática.
2. Aquelas que, ao se verem diante de uma situação crítica, tendo lhes sido mostrado o que precisa ser feito, são capazes de sugerir uma maneira de fazê-lo e efetivamente colocá-la em prática.
3. Aquelas que, ao se verem diante de uma situação crítica, tendo lhes sido mostrado o que precisa ser feito e como fazê-lo, são capazes de concluir a tarefa.

Que tipo de pessoa você é? Você é uma pessoa determinada que, ao se ver diante de uma situação crítica, é capaz de decidir o que precisa ser feito, descobrir uma maneira de fazê-lo e efetivamente colocá-la em prática?

A liderança é adquirida, não inata

Algumas pessoas parecem ser líderes eficazes aparentemente com um mínimo de preparação e esforço. Dão a impressão de possuir um certo componente mágico que frequentemente chamamos de "carisma". Entretanto, se estudarmos a carreira dos autênticos grandes líderes da história, constataremos que esse "carisma" provinha mais do que eles faziam do que de alguma misteriosa qualidade que possuíam.

Napoleão, por exemplo, frequentemente é considerado um grande estrategista militar e dotado de uma forte personalidade. No entanto, ele afirmou que o segredo do seu sucesso residia na sua capacidade de despertar os homens para a ação por meio das técnicas que utilizava. O mesmo pode ser dito dos Lincolns, dos Roosevelts, dos Kennedys e de muitos outros.

Lembre-se de que aquilo que você é e espera ser é a maneira como você vivencia a si mesmo, mas as outras pessoas o vivenciam pelo que você faz. São as suas ações que fazem com que outras pessoas se unam a você e o ajudem a alcançar as suas metas.

PRINCÍPIOS DE LIDERANÇA

Cada pessoa é diferente. Cada situação de liderança é diferente. E cada tarefa é diferente. O que dá certo para uma pessoa, em uma determinada situação ou na conclusão de uma determinada tarefa, poderá não funcionar para outras. No entanto, certos princípios básicos, empregados pelos grandes líderes da história, podem nos ajudar a tornar-nos líderes mais eficazes.

PRIMEIRO PRINCÍPIO
Entenda as pessoas que você deseja liderar

O princípio mais fundamental da liderança é *entender as pessoas que você deseja liderar!* O desejo é a chave para qualquer forma de disciplina ou tentativa de motivação. "Se a sua intenção é ser um líder de sucesso", disse alguém, "descubra o que as pessoas querem e ajude-as a consegui-lo." O sucesso tem lugar quando ajudamos outras pessoas a alcançar o que é importante para elas.

Charles Percy chegou à presidência da empresa Bell & Howell antes de completar 40 anos de idade. Um jornalista de negócios, fascinado pela rápida ascensão desse homem a uma posição de tanta responsabilidade, perguntou a muitas pessoas a que elas atribuíam o sucesso de Percy. "Desde o início", era a resposta que sempre recebia, "ele demonstrou ter um dom para conseguir o máximo das pessoas." Essa sensibilidade às necessidades e desejos dos outros acabou lhe conferindo uma projeção nacional como senador dos Estados Unidos.

Quer a sua função seja vender ou comercializar produtos, levar pessoas a produzir bens ou serviços ou ajudá-las a mudar a vida delas, o princípio é o mesmo: conheça e entenda aqueles que você pretende liderar. Talvez esse requisito seja o motivo pelo qual tantos líderes de sucesso estudam avidamente a natureza humana. Talvez seja esta também a razão pela qual eles são fascinados por assuntos como psicologia, sociologia, filosofia e religião. Querem entender por que as pessoas agem como agem. "Não queremos ter gênios na gerência", declara um conhecido presidente de uma empresa, "queremos pessoas capazes de motivar as outras a fazer um bom trabalho."

Muito tem sido dito nos últimos anos a respeito do crescente papel do computador nos negócios e no mundo em geral. Muitas pessoas até mesmo temem que os computadores venham a assumir a liderança do mundo. Acredito que os computadores nunca serão capazes de impor uma forte liderança às pessoas por uma simples razão: simplesmente não conseguem compreender a natureza humana. Carecem da capacidade de entender a falta de lógica das emoções humanas, as faculdades humanas de amar, desejar e temer, ou as dimensões qualitativas dos hábitos de trabalho das pessoas.

Uma pessoa, por exemplo, tenta, com o mínimo esforço possível, produzir um trabalho desleixado e se dar bem, ou encobrir os erros que comete. Já outra pessoa se torna viciada em trabalho, se esforça por atingir a excelência e corrige os erros que comete. Um computador é capaz de informar o resultado final. Ele pode até mesmo recolher dados suficientes para informar o que mais motiva as pessoas em uma determinada situação. Mas a sensibilidade da mente humana é fundamental para a compreensão dos motivos por que certas pessoas reagem de uma determinada maneira, para reconhecer um bom desempenho em potencial, mudando a situação na qual as pessoas trabalham e conduzindo-as nessa direção.

Sempre haverá espaço no local de trabalho, e na área dos serviços humanos, para os líderes capazes de descobrir os pontos fortes e fracos de uma pessoa com relação a uma tarefa específica, e estruturar a tarefa a fim de intensificar esses pontos fortes ou encontrar outra mais adequada. Analogamente, um computador em um estabelecimento de produção em massa queimaria um circuito tentando encontrar um lugar para uma pessoa como Antonio Stradivarius que declarou: "Outros homens fabricarão violinos, mas nenhum fabricará um melhor do que este". Até hoje, os violinos que ele fabricou são vendidos por um valor que varia de 15 a 500 mil dólares.

No entanto, um líder com sensibilidade não tentaria encaixar um homem como Stradivarius em uma linha de produção. Em vez disso, esse líder utilizaria o seu talento para desenvolver protótipos ou fabricar violinos especiais para um mercado extremamente limitado e seletivo.

Independentemente de qualquer outra coisa que possamos aprender a respeito de liderança, nada jamais nos tornará mais eficazes do que o interesse sincero e genuíno pelas pessoas que desejamos liderar, aliado a um penetrante entendimento dos pontos fortes e fracos delas. A abordagem da liderança no estilo do "grande porrete"* é coisa da Idade Média. Se os líderes

---

* O *Big Stick* (grande porrete) foi uma frase de efeito usada para descrever o estilo de diplomacia empregada por Theodore Roosevelt, presidente norte-americano de 1901 a 1909, como corolário da Doutrina Monroe, que especificava que os Estados Unidos deveriam assumir o papel de polícia internacional no hemisfério ocidental.(N. da T.)

tentarem atuar no mundo complexo de hoje com a ideia de que "o chefe talvez nem sempre esteja certo, mas ele é acima de tudo o chefe", constatarão que a maioria daqueles que eles têm a intenção de liderar estão "marchando no ritmo de um tambor diferente". A pessoa egocêntrica fica frustrada com as fraquezas dos outros e com a aparente falta de motivação delas para executar as tarefas que lhes foram atribuídas, mas o líder criativo procura maneiras de tirar o máximo proveito dos desejos e dos pontos fortes delas.

SEGUNDO PRINCÍPIO
Domine as tarefas fundamentais da liderança

Existem basicamente três tipos de liderança, e cada um deles tem o seu lugar.

Liderança "autocrática". Este tipo de líder controla rigidamente o grupo, convoca poucas reuniões e vocifera ordens. O chefe dos bombeiros, ao chegar à cena de um grande incêndio em um hotel, talvez seja o melhor exemplo de liderança "autocrática". Seria insensato da parte do chefe convocar uma reunião com todos os bombeiros para decidir o que deveriam fazer primeiro. O mais provável é que escutemos ordens do tipo: "Removam a unidade um para X!... Tragam aquela mangueira para cá!... Pegue três homens e entre ali!..." Pelo menos, se eu estivesse nesse hotel na hora do incêndio, é o que eu esperaria que o chefe dos bombeiros fizesse!

Liderança "democrática". O líder convoca reuniões e pede informações a várias pessoas, deixando em seguida que o grupo decida o que deve ser feito. Depois de um incêndio, por exemplo, o mesmo chefe dos bombeiros poderia se reunir com os chefes do departamento para fazer uma análise crítica de como o departamento lidou com a situação e como poderiam ser mais eficazes em incêndios futuros.

Liderança com a "rédea larga". Neste caso, a ênfase recai no controle pouco rígido e na máxima participação. O líder leva o grupo a explorar e adotar soluções para os problemas. Uma vez mais, o chefe dos bombeiros poderia convocar uma reunião, dessa feita com todo o pessoal do corpo de bombeiros da área, em que todos participariam de uma sessão de "brainstorming" destinada à obtenção de ideias sobre como incêndios futuros poderiam ser evitados.

Os líderes bem-sucedidos sabem como determinar o tipo de liderança exigido em cada situação e procuram adaptar o seu estilo de liderança a cada uma delas.

Independentemente do estilo de liderança indicado, o líder precisa executar cinco tarefas básicas de operação. Se você dominar cada uma delas, poderá se tornar um líder eficaz.

Primeira tarefa: estabelecer metas e objetivos

Na condição de líder, é preciso definir metas e objetivos para aqueles que pretendemos liderar. Isso envolve saber o que precisa ser feito e como fazê-lo. Exatamente como na sua função pessoal de estabelecer metas, você precisa conferir propósito e orientação para as pessoas que deseja liderar. Essa tarefa talvez pareça simples, mas, com frequência, pode se tornar muito complexa. Voltando ao exemplo do chefe dos bombeiros, ele precisa definir prioridades para todos os recursos disponíveis.

O líder competente sabe como avaliar uma situação, definir prioridades e estabelecer metas. A meta óbvia é apagar o fogo. Entretanto, se você por acaso estivesse no hotel, provavelmente esperaria que o chefe dos bombeiros considerasse salvar vidas mais importante do que apagar o fogo. As metas para lidar com o incêndio poderiam ser: (1) minimizar o perigo para a vida humana; (2) conter as chamas, a fumaça e os vapores; (3) proteger a propriedade que ainda não foi danificada; e (4) apagar o fogo.

Segunda tarefa: planejar e organizar

Se você deseja ser um líder, precisa aprender a planejar e organizar os recursos disponíveis para lidar com o desafio que tem nas mãos. Essa tarefa inclui analisar as decisões que precisam ser tomadas e quem irá tomá-las, desmembrar o trabalho em incumbências controláveis e escolher as pessoas para executar os serviços necessários. Para isso, as seguintes perguntas, entre outras, se fazem necessárias:

- Que atividades precisam ser executadas?
- Que recursos são necessários para executar essas atividades?
- Como é possível aproveitar da maneira mais vantajosa possível as pessoas e outros recursos disponíveis?
- Que contribuição específica é possível esperar, realisticamente, que cada pessoa faça?

O nosso chefe dos bombeiros com excesso de trabalho provavelmente não será muito eficaz no combate a um grande incêndio se não tiver feito de antemão algum planejamento. Por exemplo, para atender à prioridade de salvar vidas, ele precisa de uma equipe de pessoas especialmente treinadas e equipadas, além de adequadamente supervisionadas, para resgatar os que estão em perigo. Essa equipe também precisa de uma ampla variedade de sistemas de apoio para ajudá-las a cumprir a sua missão.

Terceira tarefa: Comunicar-se e motivar as pessoas

O líder comunica o que deve ser feito, quem irá fazê-lo e como tudo será feito. Depois, ele tem a incumbência de motivar as pessoas. Ao se comunicar com eficácia e estimular as pessoas a agir, o líder reúne as pessoas em uma equipe. A tarefa de cada um é projetada de modo a contribuir com o progresso da equipe como um todo. É preciso fazer com que os que são liderados compreendam os objetivos globais do grupo, junto com o papel que cada um deles precisa desempenhar para possibilitar que o grupo alcance esses objetivos.

O encargo da comunicação sempre recai sobre o ombro do líder. De muitas maneiras, essa tarefa é frequentemente a mais árdua para a pessoa que deseja liderar. Os especialistas em gerenciamento dizem que quase 80% da incapacidade das empresas de atingir as suas metas pode ser associado a uma comunicação defeituosa. Em outras palavras, as pessoas que deixam de executar as tarefas que lhes são atribuídas na maioria das vezes fazem isso porque não entendem o que é esperado delas. Se alguém falha, em geral é improdutivo repreender a pessoa por ela não ter entendido alguma coisa.

Voltando ao nosso exemplo, o líder de equipe que não percebe esse papel poderá desertar do seu posto e tentar bancar o herói salvando uma pessoa. O seu fracasso poderá muito bem prejudicar a vida de vários membros da sua equipe e obstruir os esforços de salvar muitas outras pessoas que estejam em perigo.

À semelhança do maestro habilidoso e sensível, o líder capaz coordena os talentos e as motivações dos membros do grupo para produzir a harmonia do trabalho em equipe.

Quarta tarefa: avaliar o desempenho

O líder avalia o desempenho. O fato de todo mundo estar ocupado "fazendo alguma coisa" não é o bastante. Cada um precisa contribuir com o que é esperado em relação à missão global. Esse processo é responsabilidade do líder. Essa tarefa envolve decidir como e com que parâmetros o desempenho será medido, informar a cada pessoa os critérios pelos quais ela será avaliada e relacionar o desempenho de cada uma diante das metas e objetivos globais estabelecidos.

Quinta tarefa: aprimorar as pessoas

Por último, os líderes aprimoram as pessoas, inclusive eles mesmos. Os líderes eficazes sabem que todos na organização precisam crescer e aprender constantemente. Os líderes de visão sabem que amanhã será outro dia, que apresentará desafios e oportunidades ainda maiores que os de hoje. Assim sendo, esses líderes cultivam o talento disponível para continuar a expandir horizontes. Mais do que isso, os líderes observadores sabem que as pessoas exibem um melhor desempenho na situação em que se encontram quando se veem aprendendo, crescendo e expandindo os seus horizontes. Aprimorar as pessoas é um processo constante para o líder competente.

TERCEIRO PRINCÍPIO
Domine as ferramentas básicas e as habilidades de liderança

O líder pode utilizar certas ferramentas e habilidades básicas para se tornar mais eficaz em levar as pessoas a fazer as coisas. Vamos examinar essas ferramentas:

Primeira ferramenta
Objetivos exequíveis e razoáveis

Quando é pedido às pessoas, de uma maneira genérica, que façam alguma coisa quando tiverem tempo, geralmente é dessa maneira que tal coisa é feita, quando é feita. Os gerentes eficazes não estabelecem metas e objetivos apenas para si mesmos; definem metas e objetivos para todos aqueles que ele pretende liderar. Além do mais, levam isso um passo mais à frente: envolvem os que serão liderados no processo de definição de metas e os estimula a estabelecer metas para si mesmos. Uma organização bem administrada enfatiza constantemente o planejamento, do mais alto ao mais baixo nível de atividade. Quando as pessoas estão envolvidas no processo de estabelecer metas e objetivos, tendem mais a apoiar o empenho do líder para que as coisas sejam concluídas na data programada.

Além disso, as pessoas efetivamente responsáveis por cumprir os objetivos frequentemente podem fornecer informações valiosas. Por exemplo, Henry Ford muitas vezes dizia que quando tinha diante de si uma tarefa desagradável, ele designava o "homem mais preguiçoso que eu consigo encontrar" para executá-la. "Em um ou dois dias ele proporá uma maneira rápida e fácil de realizar a tarefa", comentou ele.

Objetivos exequíveis e razoáveis para todos na organização são uma ferramenta eficaz de liderança.

Segunda ferramenta
Técnicas eficazes de monitoramento

É comum o líder, apesar de ter a "forte intuição" de que a organização ou um grupo de pessoas não está tendo um desempenho à altura do seu potencial, não conseguir identificar exatamente o motivo. Em geral, a razão é o fato de não haver sistemas adequados para o monitoramento do progresso das pessoas e unidades em direção aos objetivos estabelecidos. O líder eficaz sabe o que cada pessoa está fazendo, tanto com relação às habilidades dela quanto aos objetivos que foram definidos para ela.

Simples técnicas de gerenciamento do tempo podem ajudar a aumentar de várias maneiras a eficiência de cada pessoa em uma organização. Em primeiro lugar, elas podem conscientizar a pessoa de que o tempo é importante. Segundo, podem fornecer uma meta. Terceiro, quando cuidadosamente monitoradas, podem prover uma base para recompensas e repreensões.

Padrões de desempenho podem ser usados para aumentar a eficácia de todas as pessoas que estão contribuindo para os objetivos. Eis algumas das ferramentas que os líderes utilizam para monitorar o desempenho:

1. *Avaliação do cumprimento da tarefa atribuída:* esta ferramenta inclui coisas como cotas de produção, cronogramas de trabalho e prazos finais.
2. *Avaliação de atividades:* deve ser concedida uma tolerância aos trabalhos atribuídos que não estão diretamente relacionados com o cumprimento das metas do líder mas que são importantes para a operação em geral.
3. *Avaliações qualitativas e intangíveis:* estas abrangem a boa vontade do cliente, a capacidade de planejamento e organização, a imaginação e a criatividade, a ambição, a aparência e o conhecimento da empresa e dos seus produtos.

Terceira ferramenta
Reuniões produtivas

Em uma das cenas do filme *Ben Hur,* Judah Ben Hur estava tentando fazer com que duas parelhas de cavalos puxassem um carro de combate. Eram animais magníficos, cheios de energia; no entanto, estavam escavando o chão com as patas, recusando-se a obedecer às ordem, apesar da voz potente de Judah Ben Hur e do estalar constante do chicote. Um velho e competente treinador de cavalos se aproximou e instantaneamente identificou o problema. "Eles não estão trabalhando em equipe!", disse ele ao jovem Judah. O velho ajustou o carro e o equipamento, alinhou os cavalos com esmero e subiu no carro. Em seguida, estalou o chicote e instantaneamente quatro cavalos se puseram a galope em uníssono. Circularam a pista a uma velocidade impressionante.

"Eles são realmente maravilhosos", declarou o velho treinador ao devolver as rédeas a Judah, "mas você precisa fazer com que trabalhem em conjunto, como uma equipe."

Eis uma boa cena para lembrar sempre que você for conduzir uma reunião. Na condição de líder e motivador de pessoas, você provavelmente será muitas vezes convocado a presidir reuniões. O sucesso ou fracasso delas depende em grande medida da sua eficácia como dirigente. Com frequência, a energia mental reunida em uma sala é impressionante, mas cabe a você, o líder, fazer com que todas essas cabeças funcionem juntas como uma equipe.

As boas reuniões não acontecem por acaso! Elas resultam da utilização habilidosa de certos componentes básicos:

1. Cuidadoso planejamento e preparação antes da reunião.
2. Forte liderança durante a reunião.
3. Manipulação adequada das distrações.
4. Acompanhamento eficaz.

Conduzir reuniões pode ser uma das atividades mais desafiantes e estimulantes da sua carreira e vida comunitária. Aqueles que fazem isso com competência experimentam as recompensas de conduzir os outros à realização e a uma atividade significativa.

Quarta ferramenta
A comunicação eficaz

Os especialistas dizem que pelo menos 80% do que o líder faz pode ser resumido em uma única palavra: comunicação! Essa ferramenta de liderança é tão importante que já dedicamos um capítulo inteiro a ela. Neste momento, no entanto, precisamos entender o seu papel como um dos instrumentos mais fundamentais da liderança.

Todas as vezes que vou a San Francisco falar em uma convenção, vou passear na ponte Golden Gate. Sempre senti admiração por essa enorme e magnífica estrutura, que tem uma função útil e fundamental. Temos que admitir que a ponte é uma obra-prima de *design* e engenharia. Talvez o que seja ainda mais impressionante é o fato de que os materiais e os recursos humanos necessários para construí-la foram efetivamente reunidos e coordenados por seres humanos. Pensemos, por um momento, em todas as pessoas que foram necessárias para construir essa tremenda obra-prima: arquitetos, engenheiros, metalúrgicos, trabalhadores especializados em concreto, bombeiros hidráulicos, eletricistas e assim por diante. A utilização dos recursos necessários para concluir essa estrutura, em um período relativamente curto, tem que ser considerado um monumento à comunicação eficaz.

Se existe uma área da liderança que exige, acima de todas as outras, a melhor utilização dos talentos de uma pessoa, essa área é a da comunicação eficaz. Os líderes que sabem como transmitir as suas metas e objetivos, de uma maneira que conduz à sua realização, sempre serão muito solicitados.

Quinta ferramenta
Relações humanas adequadas

A pessoa que deseja liderar outras precisa dominar as relações humanas adequadas como uma ferramenta da liderança eficaz. Os bons líderes são frequentemente muito exigentes. Esperam o máximo daqueles que os cercam e geralmente é o que obtêm. No entanto, conseguem isso percebendo que são líderes de pessoas livres e não capatazes de escravos!

Eis algumas regras das relações humanas:

1. *Valorize as pessoas.* "Qualquer um pode ser cortês com um rei", observou alguém, "mas somente um cavalheiro é educado com um men-

digo." Se o que Charlie Brower diz é verdade, se o nosso sucesso depende do número de pessoas que desejam que sejamos bem-sucedidos, então as pessoas devem ser realmente importantes para nós. A gratidão sincera pela contribuição das pessoas à realização das suas metas talvez seja uma das atitudes mais valiosas a cultivar.

2. Seja um ouvinte ativo. Alguém sabiamente observou que o maior elogio que podemos fazer às pessoas é ouvi-las com atenção. As pessoas se entregam mais plenamente aos líderes que genuinamente procuram entender os seus interesses, necessidades e desejos.

3. Seja diplomático. Faça apenas críticas construtivas e, mesmo assim, com moderação. Quando for necessário criticar, tome medidas para fazê-lo em particular e para criticar apenas ações e não pessoas. John Wanamaker, um dos maiores líderes de negócios de todos os tempos, declarou o seguinte: "O que quer que você tenha a dizer às pessoas, certifique-se de que o está fazendo com palavras que as façam sorrir; dessa maneira, você estará pisando em terreno seguro". Em seguida, ele ofereceu este sábio conselho: "E quando você julgar necessário criticar alguém, faça-o sob a forma de uma pergunta que essa pessoa seja praticamente obrigada a responder de uma maneira que fará com que ela se torne o seu próprio crítico".

A cortesia usual pode ser uma ferramenta valiosa na liderança.

4. Conceda o reconhecimento, não o procure. Alguns líderes falham sistematicamente porque procuram culpar outras pessoas pelos seus erros e receber o reconhecimento pelas realizações. O líder sábio elogia — em público — cada pessoa que contribui com alguma coisa para a missão global. Conceder o mérito é um grande investimento: não custa nada e paga grandes dividendos nas relações humanas.

5. Seja coerente. Os líderes eficazes aprendem a controlar a sua disposição de ânimo. Não elogiam a ação de uma pessoa porque estão se sentindo bem em um determinado dia e a criticam pela mesma ação no dia seguinte simplesmente porque estão se sentindo mal. Eles também tratam igualmente todas as pessoas. Não têm favoritos.

6. Esteja disposto a ficar desacreditado. Quando você cometer um erro, mostre-se disposto a admitir esse erro. Na condição de ser humano que comete erros, estamos em excelente companhia. Henry Ford esqueceu de colocar a marcha a ré no seu primeiro carro. Edison gastou certa vez dois milhões de dólares em uma invenção que se revelou inútil.

Os grandes líderes não têm medo de admitir os seus erros. Samuel Johnson passou anos compilando o primeiro dicionário importante da língua inglesa. Ao longo do caminho, ele cometeu algumas gafes, como identificar a "quartela" como o joelho do cavalo, quando qualquer pessoa instruída deveria saber que ela faz parte do casco.

"Como o senhor pôde cometer um erro desse tipo?", investiu um crítico do sexo feminino.

"Ignorância, madame! Pura ignorância!", respondeu Johnson, e o assunto foi prontamente abandonado.

Os líderes que prontamente admitem os seus erros, constatam que ganham, em vez de perder, o respeito daqueles que o cercam devido à sua disposição de ficar desacreditado.

7. Cultive um bom senso de humor. Uma postura agradável e comunicativa pode causar uma grande influência no desenvolvimento de uma atmosfera de trabalho agradável. É claro que o local de trabalho não é um lugar para um excesso de brincadeiras, para contar histórias e frivolidades, mas uma risada ocasional pode aliviar a tensão de um grupo de pessoas ocupadas. "O senso de humor nos ajuda a deixar passar o inapropriado, entender o anticonvencional, superar o inesperado e sobreviver ao insuportável", declarou alguém.

8. Dê um bom exemplo. Nada gera a lealdade com mais eficácia em um grupo de pessoas do que a lealdade do líder. Isso também vale para a integridade, pontualidade, respeito por prazos finais, criatividade e muitas outras características desejáveis. O presidente do conselho de administração de uma grande corporação bate o ponto e insiste em que todos os executivos da sua equipe façam a mesma coisa. "Se temos que exigir isso dos nossos funcionários", diz ele, "por que também não deveríamos fazê-lo?"

QUARTO PRINCÍPIO
Domine a arte de negociar

Franklin D. Roosevelt disse o seguinte: "Sempre me pareceu que o melhor símbolo para o bom-senso era a ponte". Se você deseja ser um líder bem-sucedido, precisa aprender a construir pontes em todos os seus relacionamentos com as outras pessoas. Por exemplo, dois meninos estavam brigando por causa de um pequeno pedaço de torta. Depois de uma acalorada discussão a respeito de quem ficaria com a fatia maior, os dois se aproximaram do pai, que ouvira a sonora e veemente altercação. Os meninos lhe pediram para resolver a disputa.

"Por que vocês não cortam o pedaço de torta em duas fatias iguais? Desse modo cada um ficará com a metade", sugeriu ele.

"De jeito nenhum!", exclamaram os meninos em uníssono.

O pai propôs então uma solução criativa. "Tirem cara ou coroa para ver qual dos dois vai cortar a torta. O outro então terá permissão para escolher a fatia que quiser."

Os meninos concordaram, jogaram a moeda, e a torta foi cortada. O interessante é que ela foi cortada em duas fatias exatamente do mesmo tamanho. Este é um exemplo muito bom de como construir pontes de uma maneira criativa. O processo às vezes é chamado de "negociar".

Quer estejamos fechando uma venda, comprando uma casa, candidatando-nos a um emprego, supervisionando um funcionário ou pedindo a mão de alguém em casamento — todos estamos constantemente negociando. A negociação pode variar entre coisas simples como resolver uma disputa entre dois meninos por causa de um pedaço de torta e extremamente complexas como um diálogo entre duas superpotências sobre a limitação de armas estratégicas para reduzir a ameaça de uma guerra nuclear. A arte da negociação se baseia em um simples fato: todos precisamos da colaboração de outras pessoas para que possamos atingir as nossas metas profissionais e pessoais. E cada um de nós leva para a mesa de negociação da vida alguma coisa que os outros valorizam.

Os líderes que dominam a arte da negociação são em geral os mais bem-sucedidos. Eles conseguem a colaboração de que necessitam para alcançar as suas metas construindo pontes para acordos nos quais todo mundo ganha.

Os líderes perspicazes sabem que as pessoas só podem ser obrigadas a se submeter até certo ponto, e mesmo assim apenas por pouco tempo. Alguém disse certa vez que "até mesmo o humilde rato, quando encurralado, dá meia-volta e luta". Os líderes competentes não têm apenas em vista a produtividade dos que estão à sua volta; também desejam lealdade, integridade, comprometimento, criatividade e entusiasmo. Essas coisas impalpáveis só podem acontecer por meio da utilização da arte de dar e receber.

Se você deseja ser um líder de sucesso, aprenda a arte de negociar. Eis algumas sugestões que podem ser úteis:

Primeira sugestão
As pessoas fazem as coisas pelos motivos delas, não pelos seus

Se você apresentar uma ideia, as pessoas desejarão saber: "O que eu vou ganhar com isso?". Se você anunciar uma nova política de pessoal, os funcionários vão querer saber: "Como ela vai me beneficiar?". Os líderes competentes entendem essa necessidade e tomam medidas para que todo mundo em todas as situações de negociação receba algum benefício. Desse modo, as pessoas ficam dispostas a apoiar entusiasticamente as ações deles.

Segunda sugestão
Obtenha a colaboração das pessoas satisfazendo as necessidades delas

O som emitido por uma única mão batendo palmas é o *silêncio*. Os líderes de sucesso sabem que precisam do apoio das pessoas à sua volta para que possam atingir as suas metas. Os líderes mais bem-sucedidos conseguem esse apoio ajudando as pessoas a satisfazer as necessidades delas.

O professor Maslow define as necessidades básicas que todas as pessoas levam para a mesa de negociação da vida da seguinte maneira:

1. As pessoas têm necessidades *fisiológicas* — como comida, roupas e abrigo. Essas necessidades se expressam como "Quero viver".
2. As pessoas têm necessidades de *proteção* e *segurança* — "Quero ser protegida; quero estar viva amanhã".
3. As pessoas têm necessidade de *entrosamento social* — desejam ser amadas.
4. As pessoas têm necessidade de *autoestima* — querem ser importantes.
5. As pessoas têm necessidade de *autorrealização* — desejam contribuir com algo que valha a pena.
6. As pessoas têm necessidade de *saber* e *entender* — querem aprender e crescer.
7. Finalmente, as pessoas têm necessidades *estéticas* — desejam tornar a sua vida agradável e o seu ambiente convidativo.

Se você ajudar as pessoas a satisfazer essas necessidades básicas, poderá fazer com que elas colaborem com você e o apoiem entusiasticamente. Ao ajudar os outros a satisfazer as necessidades deles, você pode atingir as suas metas.

Terceira sugestão
Busque o equilíbrio no processo de negociação

Os bons líderes são com frequência extremamente exigentes. Eles doam livremente a si mesmos e os seus recursos — e esperam que os outros respondam fazendo o mesmo. Isso funciona!

- Quando você oferece lealdade, tem o direito de esperar a lealdade em troca.
- Quando você oferece integridade, tem o direito de esperar que os outros lhe deem integridade.

- Quando você é sensível com relação às necessidades dos outros, tem todo o direito de esperar que eles sejam sensíveis a respeito das suas necessidades e metas.

Lembremos que o líder eficaz — o arquiteto que constrói pontes — toma medidas para que todos saiam com *alguma coisa* de qualquer situação de dar e receber. Os negociadores competentes certificam-se de que todo mundo — inclusive eles mesmos — saia ganhando!

Na condição de líder, não estamos buscando uma rendição total. Estamos procurando uma solução equilibrada para cada conflito, um acordo mutuamente benéfico em cada negociação, e um clima de cooperação no qual as necessidades e metas de cada pessoa possam ser satisfeitas.

Se você deseja ser um líder de sucesso, precisa aprender a construir pontes em todos os seus relacionamentos de uma maneira criativa.

QUINTO PRINCÍPIO
Aprenda a usar os motivadores básicos

Se é um erro presumir que podemos motivar alguém, igualmente ingênua é a suposição de que algumas pessoas são desmotivadas. Talvez algumas não façam o que você, como líder, gostaria que elas fizessem, mas não devido a uma falta de motivação e sim porque estão motivadas a fazer outra coisa.

Quando os líderes compreendem que as pessoas têm certas motivações básicas e que elas respondem a apelos a essas motivações, eles podem ter bastante êxito em conseguir que as pessoas façam as coisas. Napoleão, por exemplo, era capaz de levar as suas tropas a realizar façanhas que muitas pessoas considerariam impossíveis porque compreendia o que motiva as pessoas e usava os motivadores básicos. Primeiro, ele descobria o que os seus homens mais queriam e depois fazia tudo o que estava ao seu alcance para ajudá-los a obter isso. Quando o seu exército estava fraco devido à fome, ele dizia aos soldados que a maneira de conseguir comida era derrotar o inimigo e tomar os alimentos dele. Quando quase todos os seus homens estavam com saudades de casa, e muitos pensando em desertar, ele apelava para o orgulho deles, perguntando como preferiam voltar para casa: como heróis conquistadores ou covardes que fugiram do inimigo? Quando estavam lutando entre as pirâmides do Egito, Napoleão trouxe à tona o sentimento histórico dos seus homens com a frase: "Quarenta séculos os contemplam neste momento".

A missão do líder, portanto, é criar um ambiente que favoreça a motivação. O líder competente é capaz de usar certos motivadores básicos de uma maneira bastante vantajosa:

1. Realização. As pessoas sempre desejam realizar alguma coisa. Ao olhar para algumas pessoas, você poderá achar difícil acreditar no que acaba de ler, mas é verdade. Elas talvez não desejem realizar o que você quer que elas realizem, mas elas querem realizar alguma coisa.

Certa vez, um pai inteligente se defrontou com um filho que não queria estudar na escola e que estava constantemente arranjando confusão. Ao perceber que o menino gostava de trabalhar em pequenos motores, o pai o ajudou a montar uma oficina na garagem da casa. Ao conferir ao menino a responsabilidade de fazer a própria administração, o pai usou o interesse nos motores para incentivá-lo a estudar matemática. Logo o menino começou a ter boas notas em matemática — a matéria em que tinha mais dificuldade. Pouco a pouco, o sentimento de realização do menino se expandiu para outras áreas, e logo ele começou a se sair bem em outras matérias. Quando se formou no ensino médio, o rapaz tinha um próspero negócio.

O líder eficaz procura maneiras de conceder às pessoas a oportunidade de conseguir o que é importante para elas, de uma maneira que realize as metas dele.

2. Reconhecimento. As pessoas querem ser reconhecidas pelas contribuições que fazem. A forma do reconhecimento — um aumento, uma palmadinha nas costas ou um elogio em público — não é nem de longe tão crucial quanto o fato de o reconhecimento ser feito de um modo regular e sistemático. Os behavioristas chamam isso de reforço positivo. Quando as pessoas são reconhecidas pelo que fazem, em geral se esforçam mais.

3. Participação. As pessoas são criaturas sociais. Querem fazer parte da ação. E querem fazer parte do processo de tomada de decisões. A maioria das pessoas deseja que as suas opiniões sejam ouvidas e quer que as decisões que afetam o seu ambiente de trabalho e as suas atribuições só sejam tomadas depois que elas forem consultadas.

4. Crescimento. As pessoas querem uma oportunidade para crescer e aprender a desenvolver as suas habilidades. O tédio é um dos maiores problemas que o trabalhador médio enfrenta hoje em dia. As pessoas foram trancafiadas em empregos que oferecem poucas oportunidades de aprendizado. Espera-se que elas façam a mesma coisa dia após dia. Os líderes competentes podem ajudá-las a lidar com o problema do tédio e torná-las produtivas, estruturando criativamente oportunidades de crescimento relacionadas com o trabalho delas.

Quando você entender e utilizar esses motivadores básicos, constatará que eles são muito proveitosos para fazer com que as outras pessoas realizem as suas metas.

RECAPITULAÇÃO

Alguém disse que 10% das pessoas nos Estados Unidos são responsáveis por originar 90% das atividades produtivas existentes. Isso significa que aproximadamente 90% das pessoas se sentem satisfeitas em seguir o caminho que outras lideram.

Sempre haverá um lugar valioso na nossa sociedade para as pessoas que efetivamente conseguem liderar outras. Quando você tiver dominado os princípios delineados neste capítulo, estará bem adiantado no caminho de se tornar um líder eficaz.

Capítulo
13

A comunicação eficaz faz as coisas acontecerem

Por intermédio da eletrônica de alta tecnologia, o nosso mundo tornou-se mais interligado do que em qualquer outro momento da história do homem. Uma erupção vulcânica no estado de Washington, uma lei marcial na Polônia ou a tentativa de assassinato do presidente da república de algum país... as notícias dos acontecimentos chegam até nós em questão de minutos, frequentemente vindas do outro lado do mundo. No entanto, até mesmo com essa comunicação quase instantânea, constantemente ouvimos histórias a respeito de pessoas que morrem — enquanto clamam por ajuda — porque ninguém escuta os seus gritos.

- Peter Drucker afirma que 60% de todos os problemas de gerenciamento resultam de uma comunicação defeituosa.
- Um proeminente conselheiro matrimonial diz que pelo menos metade dos divórcios nos Estados Unidos pode ser associada a uma comunicação imperfeita entre os cônjuges.
- Muitas leis e regulamentações do governo deixam de atingir o seu propósito, e às vezes produzem o efeito oposto ao pretendido, porque o seu significado é erroneamente interpretado.

Qual é o problema? Falta de comunicação? De jeito nenhum! *No mínimo, nós nos comunicamos em excesso!* O problema deriva da nossa incapacidade de comunicar-nos *com eficácia!*

Alguém definiu a comunicação como um "encontro de significados". A palavra comunicação deriva de um vocábulo latino que significa "tornar comum". Parece simples, não é mesmo? No entanto, reflita sobre o seguinte "problema de comunicação": Eu sei que você acha que entende o que eu disse, mas não tenho certeza se o que você achou que entendeu foi o que eu achei que eu quis dizer".

Parte do problema deriva do emprego das próprias palavras. As quinhentas palavras mais comuns na língua inglesa contêm 14 mil significados, com uma média de 28 significados por palavra. Para complicar ainda mais as coisas, esses significados mudam constantemente — de tempos em tempos e de pessoa para pessoa. Além disso, com mais de 700 mil tipos de comunicação não verbal, a troca de ideias e informações torna-se um processo ainda mais complexo. E como se isso não bastasse, muitas mensagens são sofrivelmente enviadas, e um número ainda maior é recebido de um modo deficiente. Assim sendo, dizemos coisas que não queremos dizer e entendemos coisas que os outros não querem dizer.

A COMUNICAÇÃO EFICAZ — A CHAVE MESTRA DO SUCESSO

Se desejamos ser bem-sucedidos, tanto na carreira quanto em todos os relacionamentos pessoais, precisamos nos comunicar com eficácia. Como fazer isso? Vou exemplificar.

Um homem e uma mulher estão caminhando na praia em uma noite de luar. Param por um momento e olham intensamente nos olhos um do outro.

"Eu amo você!", declara ele.

"Eu também amo você", replica ela.

"Você quer se casar comigo?", pergunta ele.

"Quero!", responde ela.

De mãos dadas, os dois retomam o passeio pela praia.

Quatro frases simples e breves foram proferidas, mas elas modificarão a vida de duas pessoas e talvez a de outras, *para sempre!* Vamos desmembrar o diálogo para verificar se a comunicação foi eficaz.

1. O homem transmitiu uma *mensagem* de uma maneira que pôde ser *compreendida* pela pessoa a quem ele estava se dirigindo.
2. A mulher *aceitou* a manifestação de amor dele.
3. Ela *respondeu* com a sua *própria* manifestação de amor.
4. Cada um deles compreendeu o *significado* que o outro estava querendo transmitir.

Essa foi apenas a *primeira* troca de informações e opiniões. No entanto, foi de tal modo eficaz que abriu a porta para a *segunda* troca de ideias, que teve lugar da seguinte maneira:

1. Ele formulou uma pergunta ou fez um pedido, que ela *entendeu.*
2. Ela *aceitou* a pessoa dele e o pedido.
3. Ela *respondeu positivamente* — ela anuiu ao pedido.
4. Cada uma das pessoas encerrou o diálogo com uma *compreensão mais clara* da outra.

Por mais simples que seja essa ilustração, ela possibilita que você se comunique com eficácia por intermédio de qualquer veículo, com qualquer público, para transmitir qualquer mensagem. Essa é uma alegação e tanto, mas vamos decompô-la para ver como ela funciona.

Fazer-se entender

Quantas vezes você já ouviu alguém exclamar: "Eu já lhe disse isso mais de mil vezes!" O triste fato é que essa pessoa poderia dizer "isso" outras mil vezes e ainda assim não se fazer entender. A meta da comunicação eficaz é transmitir a mensagem de maneira que ela seja *recebida* e *compreendida*.

Por exemplo, dois homens proferiram discursos certo dia em uma pequena cidade da Pensilvânia há mais de um século. Um deles era um orador profissional que pronunciou um discurso notável. As suas palavras há muito foram esquecidas. O outro era um homem simples e desajeitado que violou todas as regras da oratória. Entretanto, passados mais de cem anos, o discurso que Lincoln fez em Gettysburg é um dos discursos mais citados na história. O que tornou esse simples discurso um clássico da comunicação eficaz?

Ele Envolveu:
A pessoa certa
   Dizendo a coisa certa
      Para as pessoas certas
         No momento certo
           Da maneira certa

E foi:
Ouvido corretamente
   Compreendido
      Recebido

Assim Sendo, Produziu:
A reação desejada

Esses componentes do fazer-se entender são tão básicos que quase todos nós temos a tendência de esquecê-los. Se você deseja que as suas mensagens sejam compreendidas, aprenda a se ater aos conceitos básicos.

A sua meta é ser aceito!

Você deseja que as pessoas concordem com você, ou pelo menos que o ouçam com solidariedade. Eis dez sugestões que irão ajudá-lo a ser aceito:

1. Seja natural, seja você mesmo, seja genuíno.
2. Estabeleça uma atmosfera propícia.
3. Procure apresentar sempre a sua melhor aparência.
4. Consolide a sua competência para falar sobre um determinado assunto.
5. Organize o que você quer dizer; não seja incoerente.
6. Fale para necessidades; empregue palavras que encerrem significado para o seu público.

7. Envolva o seu público.
8. Mostre-se empolgado; fale o tempo todo em um tom animado.
9. Seja engraçado; lembre-se de que "uma colher de açúcar ajuda o remédio a descer melhor".*
10. Use recursos visuais; as pessoas se lembram mais do que veem do que daquilo que ouvem.

Você precisa obter a reação desejada

Se desejamos que algo seja feito, tomamos as medidas que garantam a reação desejada. Um bom exemplo é o do rapaz muito tímido que desejava conquistar o afeto de uma moça. Uma vez por dia, durante um ano, ele enviou um cartão-postal para a moça. O seu plano era pedi-la em casamento no final do ano. De fato, ela se casou no fim do ano — com o carteiro. O rapaz entrou em ação, mas não obteve a reação que desejava! Se você deseja que as pessoas façam o que você quer que elas façam, precisa convencê-las de que agir como você está sugerindo irá beneficiá-las enormemente.

"Nunca apele para o bom caráter de um homem, porque ele talvez não tenha um", declarou Lazarus Long, o velho e sábio profeta da ficção científica. "Faça sempre um apelo ao que mais interessa pessoalmente a ele." As pessoas que entendem esse princípio não tentam fazer com que os outros ajam por meio de exigências ou ordens. Elas não imploram e não fazem ameaças. São comunicadores eficazes porque aprenderam o poder da persuasão. Se você deseja ser um comunicador eficiente, aprenda como conseguir que as coisas sejam feitas por meio da persuasão.

Entenda os outros

O ciclo da comunicação *só* está completo quando conseguimos entender com mais clareza a pessoa ou as pessoas com quem estamos tentando nos comunicar. Muitas vendas deixam de ser concluídas, por exemplo, porque

---

* Menção do autor a uma das músicas do filme *Mary Poppins* estrelado por Julie Andrews. (N. da T.)

o profissional de vendas não dá atenção às mensagens que o cliente está enviando. Um jovem vendedor foi a uma residência vender livros. Fez uma demonstração magistral dos seus produtos, e a senhora que o havia convidado foi muito cordial. Finalmente, ele chegou ao ponto em que encerraria a venda e utilizou um fechamento alternativo, retirado diretamente do manual de vendas. Mas não fechou o negócio. Mais tarde, enquanto esse jovem vendedor explicava a sua frustração ao seu gerente de vendas, perguntou onde poderia ter errado.

"Organizei essa apresentação para lhe ensinar uma lição muito importante", respondeu o gerente, com um sorriso. "Veja bem, essa senhora é cega e não tem necessidade dos livros que você está vendendo."

O constrangido jovem profissional de vendas nunca se esqueceu dessa importante lição. Ele aprendeu o valor do *feedback*. A comunicação eficaz é sempre uma rua de mão dupla. Se você percorrê-la no sentido errado, estará caminhando em direção a uma colisão com o seu público.

Lembre-se de que as metas da comunicação eficaz são as seguintes:

- Ser compreendido
- Ser aceito
- Obter a reação desejada
- E entender os outros

VOCÊ ESTÁ REALMENTE OUVINDO COM ATENÇÃO?

A pessoa que quer aprender a se comunicar com eficácia precisa primeiro aprender a ouvir com eficácia. Alguém já disse que quase todos os problemas de relacionamento se reduzem à incapacidade de uma ou mais pessoas de ouvir o que está sendo dito. Essa afirmação é verdadeira quer estejamos falando dos nossos parceiros, clientes ou colegas com quem trabalhamos todos os dias. "Muitas pessoas sabem falar, mas poucas sabem ouvir", é a maneira como o presidente da Xerox Corporation avaliou recentemente o problema. A sua empresa acaba de lançar um importante programa destinado a ajudar as pessoas de todos os segmentos de negócios a aprender a ouvir com atenção. Na realidade, o modo de comunicação de quase todas as pessoas é um "monólogo em forma de dueto". Em outras palavras, "Você pensa no que vai dizer enquanto a outra diz o que ela pensou enquanto você estava falando".

Ouvir ativamente poderia resolver muitos dos nossos problemas mais graves; poderia possibilitar que trabalhássemos de uma maneira mais produtiva e feliz. Em um livro chamado *The Miracle of Dialogue,* o dr. Reuel Howe fala a respeito da comunicação bidirecional. Ele diz que travar um diálogo é "ter um contato significativo com outra pessoa". Muitas pessoas nunca descobriram os tremendos benefícios de ouvir ativamente, ou de ter um contato significativo com outras. Eu gostaria de relacionar alguns dos benefícios de ouvir ativamente. Espero que você esteja ouvindo.

Primeiro benefício
Podemos aprender

Emerson disse: "Todo homem que encontro é, de alguma maneira, superior a mim, e nisso, eu posso aprender com ele". Nunca conheci uma pessoa com quem eu não pudesse aprender alguma coisa — desde que eu me desse ao trabalho de ouvir ativamente.

Segundo benefício
Demonstramos interesse pela pessoa que ouvimos

Ao ouvir ativamente, podemos confirmar que outras pessoas têm valor para nós, que elas são importantes, que têm valor como seres humanos. Aqueles que ouvem ativamente se importam com as pessoas, e estas sabem que eles se importam.

Terceiro benefício
Passamos a compreender melhor as necessidades, desejos e motivações dos outros

Durante a Grande Depressão, certo jovem foi a uma agência dos correios candidatar-se a um emprego. Ao entrar na sala de espera, reparou que muitas outras pessoas, algumas até mesmo sentadas no chão, estavam preenchendo formulários. Ele se sentou, mas apenas por um momento, e em seguida se levantou e entrou na sala da entrevista.

Alguns instantes depois, a recepcionista anunciou que a vaga tinha sido preenchida.

"Por que esse homem conseguiu o emprego?", perguntaram, queixosos, vários outros candidatos. "Ele chegou depois de nós!"

A resposta era simples! Enquanto os outros candidatos estavam preenchendo os formulários, o rapaz *ouviu com atenção*. Alguém na sala da entrevista estava tamborilando a seguinte mensagem em código Morse: "Precisamos de um operador. Se você entender esta mensagem, o emprego é seu. Por favor entre". Enquanto os outros estavam ocupados escrevendo coisas a respeito *de si mesmos* para o possível empregador, esse jovem estava *ouvindo* as necessidades do *possível empregador.*

Quarto benefício
Nós derrubamos barreiras

Devido às barreiras "naturais", as pessoas nos excluem. Ao ouvir ativamente, podemos derrubar barreiras como diferenças na linguagem e o nosso entendimento das palavras, preconceitos, defesas produzidas pela ansiedade e conflitos com relação a diferenças percebidas nas nossas metas e nas delas. Quando essas barreiras caem, os outros nos ouvem.

Quinto benefício
Envolvemos os outros no processo
que queremos que tenha lugar

Quer estejamos tentando conquistar o afeto de um namorado ou namorada, vender um prédio de dez andares ou convencer um policial a não nos multar, não teremos êxito *a menos que* a pessoa com quem estivermos falando se envolva na conversa. Você poderá não ser bem-sucedido de qualquer maneira, mas terá uma chance maior se a pessoa estiver ativamente envolvida no processo devido ao fato de você estar ouvindo ativamente.

Sexto benefício
Podemos esclarecer as concepções errôneas

Frequentemente rejeitamos o que as pessoas estão dizendo porque entendemos erroneamente o que elas estão querendo dizer. As seguintes explicações a respeito de como acidentes ocorreram, extraídas de autênticos formulários de avisos de sinistro, podem ilustrar o problema de interpretar literalmente o que as pessoas dizem:

- "O poste telefônico estava se aproximando muito rápido. Eu estava tentando me desviar do caminho dele quando ele bateu de frente em mim." Esses postes podem realmente correr atrás da gente!
- "Eu estava dirigindo o meu carro havia quatro anos quando peguei no sono no volante e sofri um acidente." Esse tem que ser um recorde!
- "Eu estava a caminho do médico com problema na extremidade traseira quando a minha junta universal não resistiu, o que causou o acidente." Mesmo? Que tipo de médico?
- "Para não bater no para-choque do carro da frente, atropelei o pedestre."

Às vezes, é preciso escutar atentamente durante muito tempo para ouvir o que as pessoas estão tentando nos dizer. O outro lado da moeda é que as pessoas rejeitam o que dizemos porque não transmitimos adequadamente o que estamos querendo dizer. Às vezes podemos ser tão desajeitados quanto o homem que estava tentando elogiar a sua anfitriã.

"A sua filha é muito bonita", disse ele (e deveria ter parado por aqui). "Ela é até mesmo mais bonita do que você!"

Percebendo como isso deveria ter soado, ele tentou uma rápida recuperação.

"Não foi isso que eu quis dizer", disse ele de um modo hesitante. "Na verdade, ela não é nada bonita."

Infelizmente, muitos dos conceitos errôneos que fazem com que tenhamos dificuldade em comunicar-nos com eficácia não são engraçados. Às vezes, eles podem causar uma perda, dor e pesar. Somente quando ouvimos ativamente é que podemos de fato escutar e elucidar conceitos errôneos.

COMO OUVIR ATIVAMENTE?

1. Seja aberto! Desligue todos os pensamentos negativos a respeito da pessoa. Seja receptivo ao que está sendo dito. Deixe cair as barreiras emocionais que descartam o que está sendo dito ou que fazem com que você só ouça o que quer ouvir.
2. Comece a ouvir desde a primeira frase! As pessoas egocêntricas não conseguem ouvir ativamente. Elas tendem a ficar envolvidas com os seus devaneios. Ponha de lado o que está fazendo e concentre-se no que a pessoa estiver dizendo.
3. Concentre-se no que está sendo dito. Tente ouvir ativamente cada palavra como se fosse a coisa mais importante do momento. Evite a tentação de pensar mais rápido do que a pessoa que estiver falando.
4. Procure o significado do que está sendo dito. Não tente ler os seus significados no que a pessoa estiver dizendo. De preferência, ajude a pessoa a transmitir o significado dela, demonstrando um genuíno interesse.
5. Evite a tentação de interromper. Como disse o dr. David Schwartz, no livro *The Magic of Thinking Big*: "As grandes pessoas monopolizam a escuta. As pessoas pequenas monopolizam a fala".
6. Faça perguntas que incentivem a pessoa a falar e esclareça como você entende o que está sendo dito. Para testar o seu entendimento, faça perguntas do tipo "Se entendi corretamente,..."
7. Arquive os argumentos importantes que estiverem sendo apresentados. Se for apropriado, faça anotações.
8. Elimine as interrupções e não dê atenção às distrações.
9. Utilize expressões faciais e a linguagem corporal para demonstrar interesse e compreensão.
10. Não reaja de uma maneira exagerada a palavras impetuosas ou com uma carga emocional muito intensa. Procure o significado por trás

dessas palavras. Evite tirar conclusões precipitadas. Escute até o fim o que a pessoa tem a dizer.

DOMINE A ARTE DE OUVIR COM ATENÇÃO

Quanto maior a sua eficácia ao ouvir, mais você aprenderá. Quando o falecido presidente Lyndon B. Johnson era um senador júnior do Texas, ele tinha uma placa no seu gabinete que dizia: "Você não aprende nada quando monopoliza a conversa". Entretanto, o que talvez seja igualmente importante é que quanto mais você está disposto a escutar os outros, mais competente se torna na arte da comunicação.

RECAPITULAÇÃO

A comunicação com outros seres humanos é, na melhor das hipóteses, uma tarefa complexa e confusa mas, em geral, merece nosso esforço. Por meio da comunicação eficaz trocamos informações, ideias e opiniões com outras pessoas, integramos a nossa vida à raça humana e provocamos as coisas que queremos que aconteçam. Se você deseja ser bem-sucedido, tanto na vida profissional quanto em todos os seus relacionamentos pessoais, precisa aprender a se comunicar com eficiência. Por intermédio da comunicação eficaz, você pode ser compreendido, as suas mensagens podem ser aceitas, você pode obter as reações que deseja e emergir com um entendimento mais claro entre você e as outras pessoas. No entanto, a pessoa que quer se comunicar com eficácia precisa primeiro aprender a ouvir com eficácia.

Lembre-se de que a meta da comunicação é ter "um contato significativo com outra pessoa", e isso sempre merece o esforço despendido.

Os quatro elementos da comunicação eficaz são: (1) Ser compreendido, (2) ser aceito, (3) obter a reação desejada e (4) entender os outros. Enquanto você examina cada um dos quatro elementos, coloque-o em prática fazendo o exercício que se segue a ele.

Ser Compreendido

A meta da comunicação eficaz é transmitir a mensagem de uma maneira que seja recebida e compreendida.

EXERCÍCIO PRÁTICO: Pense em uma mensagem que você tenha tentado enviar que não tenha sido recebida e/ou compreendida. Descreva como você poderia tê-la enviado para obter o efeito desejado:

_____
_____

Ser Aceito

Você quer que as pessoas concordem com você — ou pelo menos que se mostrem receptivas a ouvir a sua mensagem.

EXERCÍCIO PRÁTICO: Pense em uma mensagem que você tenha enviado e que tenha sido acolhida favoravelmente. Por que ela foi aceita?

_____
_____

Obter a Reação Desejada

Quando você se comunica, você deseja ação. Você quer que as pessoas que o estão ouvindo tenham uma determinada reação.

EXERCÍCIO PRÁTICO: Você queria que uma coisa fosse feita. As pessoas entenderam e aceitaram a sua mensagem. Entretanto, não fizeram o que você queria. Por quê?

_____
_____

O que você talvez pudesse ter feito para mudar o resultado?

_____
_____

Entender os Outros

A comunicação eficaz resulta em um melhor entendimento das outras pessoas.

EXERCÍCIO PRÁTICO: Analise uma tentativa de comunicação recente que tenha feito com que você sentisse que compreendia melhor a pessoa envolvida. Que constatações você extraiu da comunicação?

_____
_____

Como você poderia ter entendido ainda mais a pessoa?

Você é um Bom Ouvinte?

Se você deseja ser um comunicador eficaz, precisa aprender primeiro a ser um ouvinte ativo. Eis um pequeno exercício de autoavaliação para ajudá-lo a definir a sua competência em ouvir. Atribua a si mesmo uma nota para cada afirmação, em uma escala de 1 a 5.

1. Gosto de ouvir as pessoas falarem.
2. Incentivo as pessoas a falarem.
3. Eu escuto, mesmo quando não gosto particularmente da pessoa que está falando.
4. O sexo da pessoa que está falando não afeta a minha atenção ao ouvir.
5. Ouço com a mesma atenção um amigo, um conhecido ou um desconhecido.
6. Interrompo o que estou fazendo quando alguém está falando.
7. Olho para a pessoa que está falando.
8. Não dou atenção a distrações enquanto ouço alguém falar.
9. Sorrio, balanço a cabeça e incentivo de outras maneiras a pessoa a falar.
10. Eu me concentro no que a pessoa está dizendo.
11. Tento entender o que a pessoa está querendo dizer.
12. Procuro entender por que a pessoa está dizendo o que está dizendo.
13. Nunca interrompo a pessoa que está falando.
14. Se a pessoa hesita, eu a incentivo a continuar.
15. Reafirmo o que a pessoa acaba de dizer e pergunto se entendi corretamente.
16. Suspendo qualquer opinião a respeito da ideia ou mensagem da pessoa até ter ouvido tudo o que ela tem a dizer a respeito do assunto.
17. Escuto independentemente do tom de voz, atitude ou escolha de palavras da pessoa.
18. Não antevejo o que a pessoa vai dizer; simplesmente escuto.
19. Faço perguntas para que as ideias sejam explicadas mais plenamente.
20. Peço que a pessoa esclareça palavras que eu não entenda no contexto delas.

Some as suas Notas e Avalie a Si Mesmo de Acordo com o Seguinte Critério:

86-100 Você é todo ouvidos

71-85 Você é um bom ouvinte

56-70 Você está perdendo muita coisa

55 ou menos Talvez seja uma boa ideia procurar um otorrino para examinar o ouvido.

Exercício 13-1 Elementos da Comunicação Eficaz

Capítulo
14

Como lidar com o stress e a angústia

Sejamos realistas: qualquer pessoa que espere que a vida seja apenas alegria e diversão está vivendo em uma terra de sonhos pouco prática! Às vezes a vida fica difícil, muito difícil. E parece que quanto mais galgamos os degraus do sucesso, mais difícil ela fica. Certa vez alguém definiu o chefe como a pessoa que dá duro oito horas por dia, cinco dias por semana, para conseguir um cargo no qual ele possa trabalhar ainda mais: doze horas por dia, sete dias por semana.

Um conhecido cartaz diz o seguinte: "É meu, trabalhei por ele, eu o mereço! E assim que tiver tempo, vou ter o meu esgotamento nervoso!". Essa é uma maneira divertida de falar de uma coisa que, para muitas pessoas, é um problema sério. Poder brincar a respeito do stress provavelmente é uma boa coisa, caso contrário, o simples fato de falarmos sobre ele poderia nos deixar angustiados. O stress é um dos assuntos mais discutidos na nossa sociedade, e no entanto um dos menos compreendidos. Para que tenhamos uma ideia de como os problemas de stress estão difundidos, basta dar uma olhada no número de medicamentos para aliviar o stress na prateleira de qualquer farmácia. O mercado de produtos que induzem o relaxamento deve ser tremendo para atrair um número tão grande de marcas para o mercado competitivo.

QUEM SOFRE DE STRESS?

Que tipo de pessoa você diria que mais sofre os sintomas do stress? A maioria responderia que é o executivo dinâmico e atarefado, o profissional de vendas altamente motivado ou o apreensivo investidor financeiro. Entretanto, de acordo com o National Institute of Mental Health (NIMH), a pessoa que deu essa resposta pode estar errada.

Pelo menos, ela estaria errada se examinarmos os sintomas do stress. Um dos principais sintomas do stress e da angústia é a dependência de tranquilizantes e do álcool. O NIMH informa que o grupo que mais comumente abusa de álcool e tranquilizantes é o das donas de casa de meia-idade. Outro sintoma do stress e da angústia é o suicídio. Uma vez mais, as estatísticas do NIMH são surpreendentes. O instituto informa que os dois grupos que tiram a própria vida com mais frequência são o composto por pessoas muito velhas e o que é formado por jovens entre 18 e 25 anos de idade. Alguém acreditaria que o NIMH afirma que uma em cada cinco crianças nos Estados Unidos sofre de uma grave depressão? (Se você se sente cronicamente deprimido, depende seriamente de drogas ou de álcool ou já pensou seriamente em se suicidar, converse imediatamente a respeito do assunto com o seu médico ou um psicólogo.)

Antes de chegar à conclusão precipitada de que aqueles que estão ativamente ocupados na carreira estão livres dos efeitos do stress e da angústia, reflita sobre o seguinte fato. Um elevado percentual das vítimas de hipertensão (pressão alta) e de ataques cardíacos são as pessoas altamente motivadas que estão na liderança dos negócios e das comunidades.

O que tudo isso significa? Todos nós, independentemente da idade, sexo, profissão, situação financeira, raça ou nível de instrução, estamos sujeitos aos efeitos do stress.

O QUE CAUSA O STRESS?

Na experiência do dia a dia, todos deparamos com acontecimentos e circunstâncias que provocam o stress. Alguém disse o seguinte: "O problema da vida é que ela é excessivamente diária!"

Todos os dias nos vemos diante de fatores que produzem tensão ou stress. Eis apenas alguns dos mais comuns:

- Mudanças em uma área importante da nossa vida.
- Rotina monótona e desinteressante.
- Conflitos com as pessoas que amamos ou com quem trabalhamos.

- Ameaças à nossa segurança.
- Perda pessoal causada por morte, divórcio ou separação.
- Indisposições e doenças físicas.
- Sucesso.
- Gravidez e o nascimento de uma criança.

Esses e muitos outros fatores que provocam o stress apresentam um tremendo desafio para nós quando tentamos alcançar o sucesso. A pessoa que não está angustiada é aquela que aprendeu a lidar eficazmente com o stress. Quase todo mundo pode evitar a angústia se aprender a controlar o stress na experiência da vida cotidiana. Eis algumas dicas sobre como lidar com a tensão e o stress:

PRIMEIRA DICA
Aprenda a lidar com a mudança

Uma mudança na situação profissional, de residência, no relacionamento conjugal ou em qualquer área importante da vida em geral produz stress. Quando essas mudanças ocorrem em pencas, como bananas, podem gerar tensão e angústia. Como as mudanças acontecem frequentemente na vida de todos nós, é importante aprender a aceitá-las como desafios e oportunidades de crescimento. As duas sugestões que se seguem podem ajudá-lo a fazer isso:

1. Aceite que a vida muda constantemente e procure sempre se adaptar a esse fato. Aprenda a considerar o ajustamento a novas situações e desafios como uma aventura.
2. Fique de olho nas suas metas e valores a longo prazo.

Um piloto de jato da Marinha me confessou que, no início, a ideia de ter que aterrissar o avião no convés de um porta-aviões o deixava simplesmente apavorado. "Tudo estava em movimento", disse ele. "O navio balançava para cima e para baixo, as ondas se agitavam, o avião estava se mexendo. Parecia impossível tentar fazer com que tudo se movesse junto." Às vezes, é assim que a vida parece, não é mesmo?

Um piloto experiente deu um conselho ao jovem piloto que resolveu o problema. "Há uma marca amarela no centro do convés de voo que sempre está imóvel. Sempre alinho o nariz do avião na direção dessa marca e voo diretamente para ela", declarou o veterano.

Esse é um excelente conselho para que possamos lidar com a mudança — e com o stress. Tenha sempre uma meta que você deseja alcançar e mantenha os olhos firmemente fixos nela.

SEGUNDA DICA
Aprenda a lidar com os problemas

Eis uma declaração muito proveitosa: "Todos os problemas têm solução, inclusive este!" A atitude de negar a existência dos problemas não encerra nada positivo. Por outro lado, algumas das pessoas mais bem-sucedidas do mundo são aquelas que foram procurar problemas e depois descobriram maneiras de resolvê-los. Eis oito maneiras pelas quais você pode transformar os problemas em aventuras, antes que o stress que eles causam o deixe angustiado:

1. *Programe-se para os problemas.* Por exemplo, eu não "espero" furar um pneu, mas sempre tenho um estepe no porta-malas do carro. Aposto como você faz a mesma coisa! Aprenda a estar preparado para a maioria dos problemas que poderiam surgir.
2. *Enfrente os problemas com coragem, fé e esperança.* Os problemas são em geral oportunidades que se escondem atrás de uma máscara assustadora. Quando você os enfrenta com fé, esperança e coragem, pode transformá-los em pontos de apoio no caminho em direção às suas metas.
3. *Enfrente os problemas, não os evite.* Uma das maiores evidências de sabedoria é a capacidade de reconhecer, e resolver, os problemas antes que eles se tornem uma emergência. Dois vendedores foram enviados a áreas primitivas da África para vender sapatos. Um deles pegou um avião e voltou para casa assim que colocou os pés naquele continente porque os nativos andavam descalços, e ele achou

que não havia um mercado para o seu produto. O outro enviou de imediato um telegrama para a sua empresa: "Enviar rápido milhões de sapatos de todos os tamanhos. Nativos sem sapatos!"

4. *Certifique-se de que entendeu o problema.* Uma das razões pelas quais os problemas não são resolvidos é que, com frequência, não entendemos a verdadeira natureza do problema. "Johnny caiu no lago", disse o menino, agitado, para a mãe. "Você aplicou nele o método de ressuscitação boca a boca que ensinei a você?", perguntou ela. "Eu tentei", respondeu, desapontado, o garoto, "mas ele não parava de pular e correr!" Escreva sempre uma pequena declaração que descreva o problema. Você talvez descubra que o que percebeu como sendo o problema é apenas um sintoma do verdadeiro problema.

5. *Examine o problema por meio de perguntas.* Não tire conclusões precipitadas sem observar o problema no seu contexto total. A solução sempre reside em corrigir o problema e não a culpa. Enquanto você estiver fazendo perguntas, frequentemente descobrirá que as soluções começam a surgir.

6. *Elabore várias soluções possíveis.* Tenha um objetivo em mente antes de começar. Declare simplesmente como a situação estará quando o problema for resolvido. Relacione todas as escolhas razoáveis disponíveis para você. Selecionar uma opção é, em geral, mais fácil do que produzir uma solução. Além disso, discuta o problema com alguém cuja opinião respeite.

7. *Escolha uma solução e aja.* Se um grande passo for necessário, você deve dá-lo. Dois pequenos passos não o farão transpor um abismo. Em geral é melhor cometer um erro do que não fazer nada ou adiar a ação.

8. *Vire as costas para o problema e coloque-se de frente para o próximo desafio.* Os perdedores ficam remoendo os seus problemas, mas os vencedores passam a marcha e seguem em frente. Algumas soluções podem levar anos para ser implementadas. Você talvez tenha até que ajustar a solução que propôs para acomodar novas informações, mas não desista.

TERCEIRA DICA
Aprenda a lidar com os conflitos

Todos temos conflitos dentro de nós mesmos, com outras pessoas e com as empresas para as quais trabalhamos. Os psicólogos nos dizem que as pessoas procuram lidar com esses conflitos basicamente de seis maneiras:

1. Recuamos. Simplesmente caminhamos (ou corremos) para longe do conflito.
2. Tornamo-nos indiferentes. Recusamo-nos a nos envolver e descobrimos maneiras de contornar situações desagradáveis.
3. Contemporizamos. Procuramos negociar soluções nas quais todo mundo saia ganhando.
4. Procuramos a ajuda de um terceiro. Consultores e árbitros são chamados para ajudar a resolver o conflito.
5. Ficamos presos em uma luta do tipo perde/ganha. As pessoas chegam às vias de fato; identificam umas às outras como inimigas. Em geral a mais forte prevalece, pelo menos temporariamente. No final, todo mundo sai perdendo.
6. Nós nos empenhamos em formas criativas de encontrar soluções para o conflito.

É fácil olhar para essa lista e escolher os métodos mais produtivos de lidar com o conflito. Claro, você pode usar uma combinação de vários deles. Independentemente dos métodos que utilizar, procure lidar com eficácia com os conflitos, porque os conflitos não resolvidos tornam-se umas das causas mais frequentes de stress e angústia.

QUARTA DICA

A preocupação é um problema comum, e ela é uma verdadeira assassina. A preocupação pode sugar as suas energias criativas, pode torná-lo menos eficaz e não produz nenhum resultado positivo. Por acaso você é como o homem que encontrei recentemente? Ele disse: "Eu me preocupo muito com o fato de me preocupar muito". Norman Vincent Peale apresenta os seguintes passos para se livrar da preocupação.

- Primeiro, exponha o problema. Procure entender claramente o que o está preocupando.
- Segundo, procure determinar as prováveis consequências do problema e escolha uma linha de procedimento para lidar com essas consequências.
- Terceiro, tente projetar a pior coisa que poderia resultar do problema. Em geral, ela é muito menos grave do que temos a tendência de imaginar quando ficamos remoendo a preocupação.
- Finalmente, coloque mãos à obra para descobrir maneiras de reduzir as piores consequências possíveis. Ponha-se em campo para resolver o problema.

As pessoas só se preocupam por dois motivos. Ou elas correm o risco de perder alguma coisa que desejam conservar, ou correm o risco de não obter algo que desejam. Se manter uma coisa que você tem lhe custa a paz de espírito, ou se alguma coisa que você deseja conseguir o deixa à beira da angústia, faz sentido perguntar se o motivo da sua preocupação vale esse preço.

Vença o hábito da preocupação, e você poderá reduzir o risco de ficar angustiado. Não se preocupe a respeito de alguma coisa — faça-a!

QUINTA DICA
Aprenda a relaxar e alivie a tensão!

Dale Carnegie contou a história de dois homens que estavam cortando madeira. Um deles trabalhou arduamente o dia inteiro e não parou para descansar, fazendo apenas uma breve pausa para o almoço. O outro parou várias vezes durante o dia e ainda tirou um breve cochilo na hora do almoço. No final do dia, o homem que trabalhara sem parar ficou bastante perturbado ao constatar que o seu companheiro tinha cortado mais madeira do que ele.

"Não consigo entender", disse ele. "Todas as vezes que olhei, você estava sentado; e no entanto, cortou mais madeira do que eu."

"Você também reparou que enquanto eu estava sentado, eu estava afiando o meu machado?", perguntou o outro homem.

O sr. Carnegie, que era bastante conhecido como uma pessoa que produzia muito no trabalho todos os dias, usava essa história para ilustrar a necessidade de renovarmos as nossas energias por meio do relaxamento.

Recomendo as seguintes medidas para o relaxamento e o alívio da tensão:

1. Faça periodicamente um breve intervalo para relaxar ou meditar.
2. Varie as suas atividades de tempos em tempos. Trabalhar tempo demais em uma única posição ou se dedicar a uma única tarefa não apenas reduz a sua produtividade como também gera o stress.
3. Exercite-se vigorosamente todos os dias. O exercício ajuda a aliviar a tensão, e você dormirá melhor à noite. Certo médico recomendou que devemos sempre fazer com que o nosso corpo esteja tão cansado quanto a mente no final de cada dia.
4. Adquira o hábito de esvaziar a mente todas as noites enquanto se prepara para dormir. Lembre a si mesmo que você fez tudo o que era possível durante o dia e que os seus planos estão organizados para o dia seguinte.

SEXTA DICA
Aprenda a manter os acontecimentos em uma perspectiva adequada

Aprenda a separar o que é realmente importante daquilo que é meramente frustrante. Quase todas as coisas que consideramos graves são na realidade apenas aborrecimentos. Por exemplo, um advogado estava atrasado para um compromisso e explicou que o seu carro enguiçara no caminho.

"Espero que não tenha sido nada grave", disse o cliente.

"Como poderia ter sido grave?", perguntou o advogado. "É apenas um carro."

SÉTIMA DICA
Cultive o bom humor!

As pessoas capazes de rir dos seus problemas e de si mesmas raramente ficam estressadas. Aprenda a procurar o humor em cada situação; desse modo, você viverá mais tempo e se divertirá muito mais. Alguns dos melhores medicamentos para o alívio do stress que conheço vieram sob a forma de conselhos. Uma pessoa disse: "Não se leve a sério demais, caso contrário ninguém o fará!"

Faça uma lista das cinco principais fontes de tensão na sua vida. Depois de concluir a lista, siga cada um dos seguintes passos:

1. Ponha um sinal de conferido ao lado de cada coisa da lista que você possa mudar e um "X" ao lado das que você não pode modificar.
2. Crie uma relação de estratégias para mudar cada uma das coisas que você assinalou como sendo capaz de mudar.
3. Prepare uma relação de estratégias para lidar com cada uma das coisas da sua lista que você marcou com um "X" porque sentiu que ela não poderia ser modificada.

Exercício 14-1 Como lidar com a tensão

OITAVA DICA
Varie os seus interesses!

"Pare para sentir o cheiro das rosas." Esse velho ditado é tão válido hoje quanto no dia em que foi proferido pela primeira vez. O tempo que passamos na companhia da família e dos amigos, e dedicando-nos aos hobbies e interesses culturais, não apenas torna a vida mais rica, como também nos ajuda a lidar com o stress.

Ponha em prática essas oito dicas destinadas a ajudá-lo a lidar com o stress e evitá-lo, e a sua vida nunca será vítima da tensão ou do stress.

Capítulo

15

Como evitar o esgotamento

Certo homem galgou os degraus da escada do sucesso até chegar ao topo — *e em seguida saltou!*

Uma nova palavra está se insinuando na nossa língua: "esgotamento".* As antigas definições do termo nos dão algumas pistas importantes que podem nos ajudar a entender o novo significado. Um dicionário define esgotamento como "a cessação da operação de um motor a jato ou de foguete". Outro dicionário define a palavra como falta de combustível, ou de um solo queimado pelo excesso de calor.

É claro que a palavra já existe há algum tempo, mas os psicólogos e líderes dos negócios estão conferindo a ela um novo significado. O esgotamento profissional** é definido como o sentimento de que o nosso emprego já não encerra emoção, risco ou recompensa. Em outras palavras, as pessoas que estão sofrendo de esgotamento ficam sem combustível, tornando-se indiferentes e apáticas. Elas são um pouco como a senhora que declarou: "Não sou nem contra nem a favor da apatia".

O ESGOTAMENTO COMEÇA CEDO

Se você é jovem e dinâmico, talvez possa ficar tentado a colocar este capítulo de lado até chegar à meia-idade e enfrentar o que alguns chamam de

---

* As definições referem-se à palavra inglesa *burnout*. *Burn* em inglês significa *queimar, queimadura*. No entanto, em português, na terminologia da navegação espacial, a palavra *esgotamento* também se refere ao fim do combustível. (N. da T.)

** *Career burnout* no original. (N. da T.)

"crise da meia-idade". No entanto, os psicólogos estão descobrindo que as sementes do esgotamento são semeadas no início da idade adulta, quando os rapazes e as moças estão definindo as suas metas para a vida, dedicando-se completamente a perseguir essas metas e formando relacionamentos que irão durar a vida inteira. Os psicólogos também estão descobrindo que um número cada vez maior de pessoas está ficando esgotada no final da casa dos 20 anos e no início da dos 30.

A tragédia é que o esgotamento afeta mais pessoas do que deveria. A bela modelo descobre que a sua carreira acaba quando ela completa 30 anos. O executivo de meia-idade é demitido no ano em que esperava se tornar presidente da empresa. Ou a pessoa de mais idade, profundamente deprimida, não consegue lidar com a aposentadoria obrigatória. Para essas pessoas, o esgotamento é um assunto muito sério.

Você pode evitar o esgotamento! Muitas pessoas o fazem. Eis algumas sugestões que mostram como você pode evitar a perda e a dor do esgotamento.

POR QUE AS PESSOAS FICAM ESGOTADAS?

Por que as pessoas ficam esgotadas? Como os nossos sentimentos são extremamente individualizados, o número de razões pelas quais as pessoas ficam esgotadas é mais ou menos igual ao número de pessoas que existem. No entanto, todas essas razões podem ser incluídas em duas categorias básicas.

1. Pessoas que ficam esgotadas porque deixam de atingir as suas metas.
2. Pessoas que ficam esgotadas porque atingem as suas metas e ficam desapontadas.

Quando as pessoas deixam de atingir as suas metas

As pessoas deixam de alcançar as suas metas na vida por muitos motivos, alguns completamente fora do seu controle. Na famosa peça de Arthur

Miller, *A morte do caixeiro viajante*, já citada anteriormente, Willy Loman estava sempre para fechar a "grande venda" que iria torná-lo rico e famoso, mas ele morreu como uma pessoa patética e derrotada. Eis algumas das razões mais comuns pelas quais as pessoas deixam de atingir as suas metas:

- As metas são irrealisticamente elevadas.
- Elas são acometidas por lesões ou doenças inesperadas.
- Elas se tornam vítimas de circunstâncias que não são capazes de controlar. Por exemplo, uma empresa é vendida ou vai à falência, uma nova máquina torna obsoleta a sua especialização profissional ou elas perdem uma grande quantia em uma quebra da bolsa.
- As pessoas também deixam de atingir as suas metas porque não se esforçam o bastante no trabalho ou tomam uma série de decisões erradas.

Seja qual for o motivo, o resultado de deixar de alcançar metas pode ser o esgotamento — a perda do sentimento de significado e propósito, a perda do entusiasmo e da garra, e um sentimento de desesperança e desespero.

Você reparou que eu disse que o resultado "pode ser" o esgotamento? Não precisa ser, necessariamente. Falaremos adiante a respeito de como você pode evitar o esgotamento.

Quando as pessoas atingem as suas metas e ficam desapontadas

Eis algumas das razões mais comuns pelas quais as pessoas ficam desapontadas quando atingem as suas metas, como no caso do homem que galgou a escada do sucesso e saltou quando chegou ao topo:

- Elas definem metas muito baixas. Uma pessoa pode decidir se tornar um milionário e, quando completa 30 anos, já ultrapassou essa marca.
- A pessoa frequentemente fica desapontada porque as suas metas não satisfazem as necessidades que elas esperavam que fossem satisfeitas.

Por exemplo, as pessoas que acham que a sua carreira vai resolver todos os seus problemas pessoais com frequência ficam desapontadas. Por maior que seja o seu sucesso, os problemas pessoais continuam a afligi-la.

- Outras não acham que as suas realizações sejam dignas de mérito. Membros da mesma família frequentemente têm metas totalmente diferentes, como o filho que diz: "Pai, eu sei que você deu um duro danado, mas eu não quero ir para a faculdade!"
- Elas constatam que as suas metas são excessivamente limitadas. A pessoa que investe todo o seu tempo e energia em uma carreira poderá descobrir que quando essa carreira chega ao fim, ela não tem mais nada pelo que viver.

Quer você deixe de atingir as suas metas ou alcance as suas metas e constate que elas são desapontadoras, o resultado pode ser o mesmo: o esgotamento!

COMO EVITAR O ESGOTAMENTO

Como evitar o esgotamento? Ou como lidar com o esgotamento se você já estiver se sentindo esgotado? As pessoas que enfrentam o esgotamento têm três opções:

1. Podem se desligar psicológica ou, até mesmo, fisicamente.
2. Podem lutar contra a instituição ou as pessoas que elas acham que são responsáveis pelo estado em que se encontram.
3. Podem buscar uma renovação de propósito.

O desligamento

As pessoas que se desligam psicologicamente se tornam passivas, indiferentes, apáticas — ou então se recolhem em um mundo de fantasia. Willy Loman tentou lidar com o seu esgotamento dessa maneira. Até o final, ele falava do número de pessoas importantes que conhecia. "Esperem só para ver o meu enterro", dizia ele à esposa e aos filhos. "Vocês vão ver quantas pessoas irão se despedir de mim!" Mas as "pessoas importantes" nunca apareceram. Quando alguém decide se desligar, todo mundo sai perdendo.

O revide

As pessoas que optam por revidar colocam a culpa das suas frustrações e problemas nas outras pessoas — ou talvez nas instituições a que se entregaram. No entanto, elas apenas aumentam a sua dor e a sua raiva, às vezes prejudicando os seus relacionamentos mais importantes.

A busca de uma renovação de propósito

As pessoas que escolhem esta opção frequentemente descobrem que os seus novos propósitos encerram mais significado e recompensa do que as metas originais. A melhor maneira de evitar o esgotamento é aprender, desde cedo, o segredo do redirecionamento. Essa opção poderá significar "retirar um pouco de tempo do trabalho" para se dedicar a algum interesse que sempre adiou. Poderá significar uma modificação na carreira, uma mudança de residência ou o aprendizado de uma nova habilidade.

Na maioria dos casos, o redirecionamento envolve as fontes de significado que residem dentro de você ou estão muito próximas. *Acres of Diamonds* é um dos livros mais bonitos que já li. Ele conta a história de um homem que vendeu a sua propriedade, despediu-se dos amigos e partiu para tentar encontrar o bem mais precioso que conhecia: diamantes. Muitos anos depois ele voltou, sem dinheiro, velho e desiludido. Quando foi visitar a sua antiga casa, descobriu que o lugar estava movimentadíssimo. O quintal que ele deixara se tornara uma das maiores minas do mundo. Os novos donos estavam extraindo dele uma quantidade enorme de diamantes.

As pessoas que aprendem a se redirecionar frequentemente descobrem que o cônjuge que desprezam há muito tempo é o companheiro ideal que sempre procuraram. Aquela que sempre foi voltada para o dinheiro poderá descobrir um novo significado oferecendo-se para trabalhos voluntários na comunidade. Alguém disse que a pessoa que só alcança êxito em uma área da vida é um fracasso. Se você deseja evitar o esgotamento, continue a se expandir — para cima e em todas as direções.

SINTOMAS DE ESGOTAMENTO

Você está sofrendo dos sintomas de esgotamento? Eis uma lista de dez perguntas que poderão ajudá-lo a fazer algumas interessantes descobertas:

1. Você se sente pressionado a funcionar *o tempo todo*?
2. Você precisa trabalhar mais arduamente para gerar um entusiasmo suficiente para evitar o tédio?
3. Uma determinada área da sua vida consome a maior parte das suas energias?
4. Você sente que tem pouca intimidade com as pessoas à sua volta?
6. Você fica inflexível depois que toma uma posição com relação a alguma coisa?
7. Você se identifica tão estreitamente com as suas atividades que quando elas degringolam o mesmo acontece com você?
8. Você está sempre preocupado em preservar a sua imagem?
9. Você se leva excessivamente a sério?
10. Você está cada vez mais impaciente? Cada vez mais irritadiço? Cada vez mais desapontado com as pessoas à sua volta?

Você está satisfeito com as respostas que deu? Se sente, baseado nas suas respostas, que as coisas estão indo bem, eu sugeriria que se concentre em evitar as armadilhas que podem levá-lo a ficar esgotado. Se você respondeu "sim" a pelo menos quatro das perguntas, talvez seja um candidato ao esgotamento. Vou sugerir que retome novamente as perguntas. Depois de refletir a respeito das suas respostas, pergunte aos seus botões se é assim que você deseja ser. Você foi sempre assim? Se não foi, quando as coisas mudaram? Você tem controle sobre sua vida? Ou ela o controla?

O esgotamento é reversível, não importa a sua extensão. Se você se sente esgotado, procure redirecionar as suas energias e encontrar um novo significado. Os "princípios pelos quais viver", extraídos dos livros inspiradores de Og Mandino, podem ajudá-lo a fazer exatamente isso. O meu amigo Og, que atuou na minha diretoria quando eu era presidente da National Speakers Association, prefacia a sua lista de princípios com a declaração que eles se baseiam na premissa de que o amanhã nunca chega. Precisamos, portanto, aproveitar ao máximo o dia de hoje. Estes são os princípios:

1. Começarei hoje uma nova vida — preencherei a minha mente com bons pensamentos.
2. Saudarei este dia com amor no coração — farei do amor a minha maior arma.
3. Persistirei até alcançar o sucesso — não nasci neste mundo para ser derrotado; nasci para vencer.
4. Sou o maior milagre da natureza — acreditarei em mim.
5. Viverei o dia de hoje como se fosse o último.
6. Serei o senhor das minhas emoções.
7. Rirei do mundo — deixarei de levar os outros e a mim mesmo excessivamente a sério.
8. Hoje me tornarei cem vezes mais valioso.
9. Agirei agora — não praticarei a procrastinação.
10. Rezarei — ao rezar, os meus brados pedirão apenas orientação.

Não fomos criados para fazer nada que não possamos fazer com tudo o que existe dentro de nós. E a idade pouco tem a ver com isso! Certo dentista em Duluth, Minnesota, de 89 anos de idade, tem hoje mais pacientes do que já teve a vida inteira. As suas mãos ainda são firmes, e os seus colegas o consideram competente. "Vou parar de trabalhar quando me carregarem montanha acima — com os pés na frente", disse ele a um repórter. Compare essa atitude com a do jovem (de 20 e poucos anos) que disse a seu psicólogo que a primeira coisa que fazia quando acordava de manhã era tentar "encontrar uma boa razão para sair da cama".

As pessoas realmente notáveis nunca param de crescer.

- Bismark, que morreu com 83 anos, realizou o seu maior trabalho depois dos 70.

- Ticiano, o famoso pintor, trabalhou até morrer com 99 anos de idade.
- Goethe concluiu *Fausto* poucos anos antes de falecer, aos 83 anos.
- Gladstone aprendeu um novo idioma aos 70 anos.
- Lapland, o astrônomo, morreu com 78 anos, bradando: "O que sabemos é nada; o que não sabemos é imenso!"

Permita-se crescer e continuar crescendo, de uma maneira espiritual, profissional e em todos os seus relacionamentos. Siga os grandes personagens do passado. "Se enxerguei mais longe do que outros", declarou Sir Isaac Newton, "é porque me postei nos ombros de gigantes."

SEJA GRATO PELOS SEUS FARDOS

Se não fossem as coisas que dão errado no seu trabalho, as pessoas difíceis com quem você precisa lidar, o fardo das decisões que você precisa tomar e as responsabilidades que você tem, uma pessoa de menos envergadura poderia fazer o seu trabalho ganhando a metade do que você ganha. Quando as pessoas realmente notáveis descobrem que foram enganadas pelos postes indicadores ao longo da estrada da vida, elas simplesmente passam a marcha e seguem adiante.

"A esperança é maior do que história", declarou Dwight Morrow no seu famoso discurso de uma linha no auge da Grande Depressão. E estou completamente de acordo com ele.

Capítulo

16

Esta é a sua vida!

Um destacado psiquiatra declarou certa vez que "o tédio é o problema emocional mais comum hoje em dia nos Estados Unidos". Ele definiu o tédio como uma "existência absenteísta... o desejo permanente de estar em outro lugar, fazendo outra coisa".

"Temos pavor do silêncio e da solidão", disse ele.

O psiquiatra relacionou como evidência os adolescentes que insistem em manter o seu som no volume máximo — independentemente de qualquer outra coisa que estejam fazendo, o sistema Musak tocando nos elevadores e o profissional de vendas que tamborila com os dedos enquanto espera ser convidado a entrar na sala de alguém.

Há alguns anos, todas as semanas, em um programa popular de televisão chamado "This Is Your Life",* uma pessoa era convidada para participar de uma recriação dos momentos especiais da sua vida. Eu gostaria de sugerir para você que hoje, este momento, esta é a sua vida! O único momento no qual qualquer um de nós vive é agora. Podemos fingir que vivemos no passado, ou podemos imaginar que vivemos no futuro, mas o único momento que jamais vivemos é este exato momento — o agora!

Algumas pessoas parecem ter uma queda para tornar cada momento especial. Elas parecem estar felizes todas as vezes que você se encontra com elas. Todas as vezes em que pergunto a um amigo meu como ele está indo, por exemplo, ele responde: "Este é o melhor dia da minha vida!"

---

* Tradução literal: Esta é a sua Vida. (N. da T.)

Perguntei a ele certa vez: "Como é possível que cada dia seja o melhor dia da sua vida?"

"Este é o dia em que estou vivo", respondeu ele com um largo sorriso.

Acontece que eu sei que esse homem é um planejador, ou seja, que ele planeja cuidadosamente o seu futuro. Também sei que alguns momentos especiais do seu passado são muito preciosos para ele, já que compartilhou alguns comigo. No entanto, ele sempre vive no presente.

SEGREDOS DE VIVER NO MOMENTO

Certas pessoas têm "segredos" que podem nos ajudar a tornar cada momento especial.

- Primeiro, elas aceitam cada momento como uma dádiva a ser recebida com alegria.
- Segundo, tentam usar cada momento da maneira mais vantajosa possível.
- Terceiro, planejam para o futuro em vez de se preocupar com ele.
- Quarto, aprendem com os erros que cometem, e depois os esquecem.
- Quinto, permanecem despertas para a realidade do momento no qual existem.
- Sexto, concentram todas as suas energias na tarefa ou prazer que têm diante de si.
- Sétimo, simplesmente se recusam a permitir que o peso de um momento ou de um ato indelicado de outra pessoa as oprima enquanto avançam para o momento seguinte.

Outro amigo meu cultiva rosas e as dá de presente. Certa vez, quando tentou oferecer uma rosa deslumbrante a um amigo que temos em comum, este último pareceu ficar mais consciente dos espinhos no caule do que da rosa. Pegando a rosa bem embaixo da flor, o meu amigo mostrou à pessoa como segurá-la. "Se você souber segurá-la, ela não vai machucá-lo", explicou ele.

Um momento na vida é assim, não é mesmo? Se você souber segurar o momento, ele não o machucará. Muito pelo contrário, lhe trará alegria.

CONSCIENTIZE-SE

Os especialistas em memória nos dizem que uma das razões — talvez a mais importante — pelas quais as pessoas não se lembram de algo é o fato de não permitirem que isso penetre a sua consciência. Conhecem alguém, mas estão tão preocupadas com outra coisa que deixam de fixar claramente na mente o nome da pessoa. Ou não conseguem se lembrar de alguma coisa que leram, ou ouviram, porque não a entenderam realmente na ocasião. *Conscientizar-nos das pessoas, do nosso ambiente, do que estamos fazendo ou do que ouvimos é duplamente proveitoso.* Possibilita que aproveitemos ao máximo o momento enquanto ele está ocorrendo e nos ajuda a desfrutá-lo na nossa memória anos a fio.

A conscientização é uma palavra poderosa. Ela sugere uma consciência aguçada, atenção, vigilância, sensibilidade, interesse e receptividade. Se você deseja tornar cada momento especial, pratique a conscientização. Como está o tempo neste momento da sua vida? Como está a música neste momento da sua vida? Quem está perto de você neste momento? O que há de especial a respeito dessas pessoas? O que há de especial a respeito deste momento?

COISAS DEMAIS, RÁPIDO DEMAIS!

Estamos no meio de uma "explosão de conhecimento", com o depósito total de conhecimento duplicando a cada dez anos. Foi estimado que 90% dos cientistas que já existiram estão vivos hoje. Uma das tragédias da nossa era eletrônica é que somos bombardeados por informações vindas de tantas direções que temos que selecionar o que será objeto da nossa atenção e o que vamos eliminar. O aluno típico do ensino médio de hoje elimina um número de informações maior do que o cientista mais competente tinha à sua disposição há dois séculos.

No entanto, apesar da produção de todas essas valiosas informações, alguns educadores acreditam que a pessoa comum está compreendendo uma quantidade menor delas a cada ano. As três principais redes de televisão americanas, por exemplo, amoldam a maior parte da sua programação ao nível educacional da quinta série do ensino fundamental.

Por que a maioria das pessoas elimina tantas informações valiosas? Sem dúvida o seu cérebro é capaz de conter mais informações. Os especialistas em questões da mente estimam que a pessoa comum utiliza menos de 10% da sua capacidade de aprendizado. O cérebro humano tem uma incrível capacidade de aprender.

Se o aprendizado tem lugar no momento presente — no momento especial que temos à nossa disposição — deixamos de aprender porque não extraímos o máximo possível do momento presente. Os especialistas nos dizem que dois importantes obstáculos nos impedem de aprender e crescer no momento presente — duas razões importantes pelas quais não desfrutamos o momento presente:

- *Primeiro, temos a tendência de afligir-nos com o passado.* Nós nos inclinamos a dirigir a atenção para oportunidades que deixamos escapar, para relacionamentos que não existem mais, para coisas que gostaríamos de ter feito ou não ter feito.
- *Segundo, os especialistas dizem que reprimimos o momento presente — com todas as suas possibilidades — devido à nossa ansiedade com relação ao futuro.* Ansiamos por uma época mais agradável, tememos uma época que poderá ser pior, preocupamo-nos com algo que talvez não venhamos a conseguir ou com alguma coisa que poderemos perder no futuro.

Por conseguinte, o aprendizado tem muito a ver com o fato de você ser otimista ou pessimista. Você já ouviu alguém dizer, ao se dirigir para o trabalho: "Bem, de volta à velha rotina"? Ou talvez a pessoa tenha dito: "Bem, de volta à briga de foice". Que jeito triste e pessimista de olhar a vida! No entanto, algumas pessoas saltam da cama pela manhã, inspiram profundamente e dizem: "Uau! Como é bom estar vivo hoje. Mal posso esperar para lidar com todas as possibilidades que o dia tem a me oferecer!" Que maneira otimista de encarar a vida!

Qual é a diferença? As duas pessoas podem ter empregos semelhantes, ambas podem ter a mesma quantidade de dinheiro no banco e a maioria das coisas na vida delas pode ser igual. No entanto, uma delas encara a vida como um obstáculo, uma dificuldade, um tédio — enquanto a outra a encara como uma coisa alegre, uma oportunidade, uma série de possibilidades. Por quê?

O pessimista eliminou todas as dádivas estimulantes que o momento presente promete trazer, enquanto o otimista está pronto e ansioso para receber essas dádivas. O pessimista ou está ansiando por um momento melhor, que poderá chegar um dia, ou revivendo uma ocasião mais agradável que já passou há muito tempo. No entanto, os otimistas estão dispostos a confiar nos seus planos para o futuro e na sua capacidade de colocá-los em prática. Estão dispostos a desfrutar as lembranças do passado. Quase todos estão atentos às oportunidades que cada momento tem a oferecer.

Lembre-se de que conscientizar-nos — das pessoas, do nosso ambiente, do que estamos fazendo — é duplamente proveitoso. Possibilita que tiremos o máximo proveito de cada momento à medida que ele ocorre, e nos ajuda a desfrutar esse momento na memória anos a fio. Assim sendo, você tem a capacidade de tornar cada momento especial! E tem a capacidade de *relembrar* cada momento!

"Mas eu tenho uma memória horrível!", diz você. Essa não é uma situação permanente. Você pode aprender a se lembrar de informações que serão úteis para você mais tarde. Pode aprender a relembrar acontecimentos, nomes e ideias. Uma boa memória pode ser um grande trunfo quando você tenta ser bem-sucedido!

Eis cinco dicas que poderão ajudá-lo a se lembrar das coisas:

1. *O desejo é o segredo da lembrança.* Passe algum tempo tentando compreender o valor do que você deseja recordar. Reforce essa tentativa lembrando a si mesmo que essa informação poderá fazer com que você economize dinheiro ou enriquecer a sua vida de alguma maneira específica. Quanto mais você desejar recordar, com mais

facilidade você o fará. Você já viu, por exemplo, alguém se esquecer de um aumento prometido?
2. *Anote as coisas.* Escrever o ajudará de duas maneiras. Primeiro, "a tinta mais pálida é mais duradoura do que a memória mais poderosa", diz o antigo ditado oriental. Segundo, para assentar alguma coisa por escrito, você precisa enxergá-la como uma manifestação concreta. É sempre mais fácil relembrar algo que você visualize do que uma coisa abstrata.
3. *Leia as suas anotações em voz alta.* À medida que você for proferindo as palavras, elas arrancarão o item a ser relembrado do seu subconsciente e reforçarão a memória.
4. *Releia as suas anotações até fixá-las firmemente na mente.*
5. *Prometa a si mesmo que você se lembrará delas.*

Um engenheiro eletricista que tinha uma memória fantástica se vangloriava de conseguir se lembrar de números de telefone que discara uma única vez e que nunca mais voltara a chamar no decorrer de muitos anos. Para testar a sua memória, uma pessoa do grupo pediu que ele fornecesse o número do telefone de várias das empresas representadas na reunião. Ele os dissertou em rápida sucessão, sem errar nenhum.

"Como você faz isso?", perguntei.

"O segredo para relembrar as coisas", disse ele, "é dizer a si mesmo que você vai se lembrar delas. Quase todos nós", explicou ele, "estamos condicionados a dizer 'eu tenho uma memória péssima'. Tudo é uma simples questão de controlar a mente e obrigá-la a fazer o que você quer que ela faça."

Experimentei essa regra básica para lembrar as coisas e ela funciona!

Este momento é especial. Ele encerra um conteúdo de aprendizado especial. Entre em contato com ele e receba-o com todo seu potencial. Armazene-o na memória para que você possa extrair dividendos dele para sempre.

FAÇA COM QUE O MOMENTO VALHA A PENA SER LEMBRADO

"O que aconteceu nas suas férias?", perguntaram os funcionários de um escritório ao executivo que estava voltando de férias.

"Oh, nada que valha a pena recordar", foi a resposta queixosa.

Quantas pessoas você conhece que estão presas em padrões e atividades nos quais não estão nem um pouco interessados? Pergunte a elas: "Como foi o trabalho?", e elas respondem: "Mais ou menos". Pergunte a elas o que vão fazer no fim de semana, e elas respondem: "Não tenho a menor ideia". Certo comediante resumiu muito bem essa ideia quando disse: "Estou ficando de saco cheio de me levantar todas as manhãs de saco cheio".

As memórias nem sempre acontecem simplesmente. Na realidade, em geral temos que fazer com que elas aconteçam. Eis algumas dicas que irão ajudá-lo a fazer isso.

1. Habitue-se a se conscientizar do seu ambiente e do que está acontecendo à sua volta. Theodore Roosevelt amava a natureza. Com frequência, depois de conversar à noite com o seu bom amigo, o naturalista William Beebe, os dois saíam para caminhar no escuro e contemplar o universo infinito. Um deles recitava: "Esta é a galáxia de Andrômeda. É tão grande quanto a nossa Via Láctea. É uma entre 100 milhões de galáxias. Encontra-se a 800 mil anos luz de distância. É composta por 100 bilhões de sóis, cada um deles maior do que o nosso sol". Finalmente, depois de um longo momento de silêncio, Teddy Roosevelt dava um sorriso e dizia: "Agora, acho que estamos pequenos o bastante. Vamos dormir".

Temo que um número excessivo de pessoas durma durante os mais belos momentos da sua vida.

2. Receba conscientemente o amor que os outros têm disponível para você. O historiador Will Durant frequentemente falava a respeito de como procurara a felicidade no conhecimento, nas suas viagens e na sua produção literária — mas ficava constantemente desiludido, repleto de preocupações e fatigado. Certo dia, captou um vislumbre da verdadeira natureza da felicidade. Avistou uma mulher em um carro minúsculo com uma criança profundamente adormecida nos seus braços. Pouco depois, um homem se aproximou. Sentando-se no carro, ele se inclinou, beijou a mulher, em seguida beijou suavemente a criança, e os dois adultos sorriram um para o outro. Durant comentou mais tarde que quando o carro partiu levando a família, ele compreendeu que "toda função normal da natureza encerra algum encanto".

Compartilhe os preciosos momentos da sua vida com aqueles que você ama. Faça um esforço especial para incluir alguém que lhe seja próximo no maior número possível de momentos que formam as suas memórias. As memórias são sempre mais ricas quando temos com quem compartilhá-las.

3. Não deixe que as preocupações desalojem a sua consciência. A palavra "preocupação"* deriva de uma palavra grega que significa "dividir a mente". Os problemas, os fracassos e as oportunidades perdidas de ontem, aliados às ansiedades com relação ao amanhã, podem privá-lo das alegrias de hoje. Podem impedir que este momento seja digno de ser lembrado. "Viver o maior número de horas de qualidade é sabedoria", escreveu certa vez um famoso filósofo.

4. Permaneça em contato com os seus recursos interiores. Uma de minhas queridas amigas, bastante conhecida pelas suas palestras motivacionais, contou certa vez uma história que ilustra muito bem este ponto. Os nativos que participavam de um safári africano carregaram satisfeitos os pesados fardos durante os três primeiros dias da expedição. No quarto dia, eles simplesmente se recusaram a sair do lugar. Quando lhe perguntaram o motivo, o líder explicou que eles não estavam sendo obstinados nem preguiçosos.

"Durante três dias eles correram pela selva", disse ele. "Hoje precisam esperar e deixar que a sua alma alcance o seu corpo."

Todos precisamos desse tempo, em vários estágios de um dia movimentado, para fazer uma pausa e entrar em contato com Deus, com nós

---

* O autor está se referindo à palavra inglesa "worry". (N. da T.)

mesmos, e com os profundos propósitos subjacentes pelos quais trabalhamos. Precisamos deixar a nossa alma alcançar o nosso corpo.

Este é o momento pelo qual você esperava

Se você estava esperando que aquele momento especial chegasse — aquele momento no qual você poderia encontrar a felicidade pela qual tanto ansiava — *este é o momento!* Agarre-o, resgate-o, utilize-o e torne-o uma parte permanente da sua vida para sempre.

DEIXE PARA ELES ALGUMA COISA PARA QUE SE LEMBREM DE VOCÊ

Um velho, conhecido como sendo avarento e resmungão, estava deitado no seu leito de morte tendo a família à sua volta.

"Chamem o meu advogado!", rosnou o velho. Quando o advogado chegou, o velho determinou que ele lesse o testamento. O advogado, comentando que o pedido era extremamente incomum, abriu o testamento e leu a única e poderosa frase que ele continha: "Deixo toda a minha fortuna e bens materiais para instituições de caridade, e nada para a minha família, porque quero que muitas pessoas fiquem tristes quando eu morrer". Que maneira terrível de garantir que todo mundo irá sentir a nossa falta quando partirmos!

Há uma maneira melhor de fazer com que o mundo saiba que você esteve aqui, que é enriquecer a vida de todos aqueles que você tocar. Stephen Grellet nasceu na França, era quacre, e morreu em Nova Jersey em 1855. Isso é tudo que sabemos a respeito dele, exceto por algumas linhas que ele escreveu que o tornaram imortal. Você talvez nunca tenha ouvido o nome dele, mas certamente se lembra das seguintes palavras familiares:

> Passarei por este mundo uma única vez. Qualquer bem que eu possa praticar, ou qualquer gentileza que eu possa demonstrar para qualquer ser humano, que eu a faça agora e não a adie, porque não passarei novamente por aqui.

"Aquele que fica em silêncio é esquecido", escreveu o filósofo suíço Amiel há mais de um século, "aquele que não avança, recua; aquele que para é subjugado, deixado para trás, esmagado; aquele que para de crescer fica menor; aquele que desiste, renuncia; o estado de ficar parado é o início do fim."

Envolva-se

Cada um de nós tem muito para dar aos que estão à nossa volta, e o tempo para fazê-lo é tão escasso, que cabe a nós realizar um esforço consciente para envolver-nos com o maior número de pessoas que possamos razoavelmente tocar. Temos muito a oferecer aos que estão mais perto de nós, aos que são menos afortunados do que nós, aos que estão se esforçando para começar e aos que desistiram e desejam recomeçar.

Dar de si mesmo custa pouco diante dos ricos dividendos que paga. Você não pode enriquecer a alma de outra pessoa, sem ser ao mesmo tempo enriquecido. Não pode encorajar uma pessoa desanimada sem receber nova coragem. Tampouco pode dar amor aos que não são amados sem que isso volte para você de muitas maneiras maravilhosas.

Descobri que tentar dar mais do que recebi é um dilema bastante agradável. Tantas pessoas têm sido genuinamente generosas comigo ao longo dos anos que me sinto impelido a agir da mesma forma. Mas quanto mais eu dou, mais eu recebo, de modo que a minha dívida de gratidão fica ainda maior.

TORNE-SE PLENAMENTE HUMANO

Muitas pessoas passam pela vida sentindo-se isoladas, sem jamais entender o que significa se aproximar de uma pessoa e entrar em contato com ela. "Você precisa entender", dirão elas. "É uma lei do cão lá fora! Cada um tem que olhar por si mesmo." Esse entendimento da humanidade é tão infundado quanto o dos canibais que disseram a Mark Twain: "Nós entendemos o cristianismo; nós comemos os missionários".

Aceite a maravilhosa realidade que você faz parte da raça humana. Você e eu somos irmãos e irmãs da humanidade. Assimile o ritmo da sua condição humana. Gosto da filosofia de Carl Sandburg de que o nascimento de uma criança é a maior prova de que Deus não desistiu da raça humana. E espero que você também nunca desista! Às vezes, pode parecer que vamos explodir e cair no esquecimento, matar a nós mesmos nas ruas ou sufocar na nossa própria poluição. Mas não perca a esperança!

Espero que todos possamos dizer com Martin Luther: "Mesmo que eu soubesse que amanhã o mundo iria se despedaçar, ainda assim eu plantaria a minha macieira".

Para obter informações sobre a High Point University,
escreva ou telefone para:

High Point University
833 Montlieu Avenue
High Point, NC 27262 USA
Telefone (336) 841-9000
Fax (336) 841-4599

Para obter informações sobre palestras e consultoria de Nido Qubein,
escreva ou telefone para:

Creative Services, Inc.
806 Westchester Drive
P.O. Box 6008
High Point, NC 27262 USA
Telefone (336) 889-3010
Fax (336) 885-1829

Você encontrará uma galeria de fotos, recursos de aprendizado,
downloads e dezenas de artigos e questionários
de autoavaliação gratuitos em:

www.nidoqubein.com